懲罰的三大思辨

punir
une passion contemporaine

DIDIER FASSIN

迪迪耶・法散——著　林惠敏——譯

紀念我的父親

目次

導讀

他山之石：借鏡歐美，反思臺灣

林永頌律師（民間司法改革基金會董事長）

對法律人而言，懲罰是對於違法者、犯罪者的處罰，其理至明。但是作者從系譜學與人類學的角度提出三個問題：懲罰是什麼？為何要懲罰？懲罰的是誰？他的論述及舉例，在臺灣講求重刑的民粹主義下，值得深思。

全球各地監所人滿為患，臺灣也不例外，依據矯正署的統計，一〇八年七月矯正機關收容人數六二、九〇〇人，新入監短期刑受刑人七六%有前科，其中二五．一%再犯，五〇．九%累犯，監禁真的能達到教化的效果嗎？作者也提到監禁或隔離有其副作用，家庭或團體所付出的代價，導致集體付出的經濟及人為成本，促進不平等的增生，帶來犯罪的成長並產生不安全感等。臺灣在監執行的收容人中有三成是毒品案件，監禁或隔離是有效的懲罰嗎？有其他的方式可以選擇嗎？

作者提到美國聯邦層級的法庭裡公審的訴訟量從五分之一降至三十分之一，九七%的案件在訴訟前便在檢察官的施壓下，認罪協商而解決，美國有二千二百萬名犯人，其中超過二百萬名犯人因為沒有訴訟權而坐牢，這當中有一部分的人儘管無罪也接受了認罪辯護，懲罰跟犯罪不一定相關。臺灣正值推動陪審或參審制之際，也必須防範經濟弱勢者面對複雜的訴訟程序，在檢察官的威脅利誘下，縱使無罪，也接受認罪協商的結果。

美國每年被關進牢裡的一千二百萬人中，有六二%的人是刑事被告，他們維持羈留的關鍵因素是經濟情況。法國刑事被告在所有羈押者中占二九%，他們被監禁在比犯人更嚴峻的地方，有利於招供，自殺率高出三倍，與無罪推定相違。臺灣依法務部的統計，二〇一八年被羈押的被告有六、五一八人，約占被監禁者的一〇%，比例還不算偏高，但監禁的條件比犯人的執刑還差，確實容易逼使被告招供，此種提前懲處的預防性羈押，不利於公平審判，可能懲處無辜。

作者認為懲處與族群、經濟條件及教育程度有關，美國一九七〇年代末期至二〇〇〇年代初期監禁率增加六倍，主要受到黑人人口的影響，尤其是弱勢族群的黑人。白人在三十五歲以前坐牢者占二·九%，黑人則是二〇·五%，白人大學畢業的人是坐牢者的十倍以上，黑人取得大學文憑的人則不到坐牢者的二倍。違法數量增加集中在貧窮黑人人口當中，因毒品被逮捕的黑人是白人的三倍，但黑人毒品使用率較白人少四分之一。法國獄中二分之一的人表示沒有工作，而四分之一的人是工人，十分之四的人沒有文憑，超過四分之三是少數民族。臺灣依據矯正署的統計，在監的犯人有八·六%貧困無以維生，六二·七%勉強維持生活，換言之，經濟有困難者超過七〇%。此外，在教育程度方面，不識字者占〇·六%，國小九·六%，國中四〇·九%，高中四一·六%，換言之，國中以下學歷占一半以上，學歷普遍偏低。臺灣雖然較無因種族歧視而被懲罰的情形，但是從經濟條件與教育程度顯示，懲罰的對象是弱勢的中下階層居多。作者提醒：「懲罰的是誰？」在「人民非法主義」（最常見的類型是掠奪）與「資產階級非法主義」（主要的類型是詐欺），我們做了什麼選擇與決定？是否前者重罰，後者輕判？

美國的報告顯示，身體、心理和性暴力在美國的監獄是很尋常的事，即使犯人死亡，管理單位也很少受到制裁或起訴，律師、協會或研究者要調查，也遭到拒絕，這個不透明、難以滲透的世界，濫用權力、粗暴行為，甚至折磨的形式都一直流傳著，而不會受到處分。臺灣的監獄也有類似的問題，但二〇一七年十二月大法官第七五五號解釋認為，監獄的管理措施逾越監獄行刑目的所必要的範圍，不法侵害基本權利非屬輕微時，得向法院請求救濟，要求立法機關二年內必須修法，司法國是會議也有所決議，目前立法院一讀通過的《監獄行刑法》及《羈押法》，有外部視察小組及救濟程序等規定，有待立法院三讀通過。

作者也提到法國的例子，因為種族的歧視及排外的偏見，警察對於勞動階級住宅區的敵意與偏見，警察會發生報復行為，也可能為了取得上級喜愛，呈現漂亮數據，做出偏差行為或捏造犯罪，受到內政部的鼓勵，司法機關也加以寬容，造成無辜者的懲處，以及不法的懲處。在臺灣，檢警的不法逮捕或違法取供時有所聞，但檢警的懲處或起訴少之又少，除了造成不少冤案，也破壞人民對司法的信賴。目前臺灣救濟冤案的再審成功案例極少，再審制度的放寬以及ＣＣＲＣ（刑事案件審議委員會）制度的建構，司法國是會議均有著墨，但目前司法機關均無進展，未來有待努力。

前言

懲罰的時刻

法國歷經其近代和平時期中法令最嚴苛的時期。儘管實際上在二戰後曾有一段例外的時期，淪為階下囚的男男女女前所未有地多。在六十多年的時間裡，監獄人口倍增至三點五倍。一九五五年受監禁者有兩萬名，一九八五年有四萬三千名，二〇一五年有六萬六千名。在二〇一六年更以七萬名囚犯打破紀錄。開放監禁者*更是大幅成長，人數在三十年內增加了將近四倍。因此，今

* milieu ouvert，法國另一種監禁的方式，讓被判刑者可落實其社會責任。開放監禁者會受到執刑法官的監控，並視其表現調整其刑期。這一詞亦指政府對未成年犯罪者的司法保護，儘可能讓當事人生活在其平常的生活環境中（亦稱開放環境）。

日依法監禁者已超過二十五萬人。[1] 然而，這樣的演變並非如我們試圖所相信的起因於犯罪率的增加。儘管相關統計難以從違法的定義、受害者的聲明，以及行政紀錄來說明這樣的變化，儘管在涉及不同種類的犯罪行為時會有不同的趨勢，但近半世紀以來，我們掌握的資料已證實，最令人高度關切的犯罪形式幾乎是持續在倒退，先是從殺人和最嚴重的暴力行為開始。[2] 我們不難想像，在我們觀察到的演變中，恐怖主義相關事件便占了其中很大的一部分。事實上，這樣的演變起自一九七〇年代，因此在最早的恐怖攻擊事件之前就開始了，而且最常涉及未成年犯罪，在日益增加的判刑中占了最大的比例。再者，這些攻擊所導致的悲劇可鞏固漫長的鎮壓程序並加以合理化，而且變得讓人很難去質疑，儘管主要涉及的是較不嚴重的罪行。

如果階下囚增多不是因為真正的犯罪率上升，那要如何說明這樣的演變呢？這結合了兩大深深影響法國社會的現象：對違法主義與偏差行為同情心的演化；聚焦於安全重要性的政治言行。前一種現象與文化有關，後者則是政治。

一方面，個人顯得越來越無法容忍對其存在造成困擾的人。[3]不禮貌的行為、出聲恫嚇、言語攻擊、鄰人之間的爭吵、伴侶之間的口角，一系列能從地方實證經驗中找到解決之道的人際關係衝突從此鬧上警局，往往還訴諸法律，有時還會坐牢。此外，這樣的趨勢往往涉及無受害者的違法行為，例如吸食毒品、建築大廳的臨時占用、侮辱國旗、賣淫或使用某些宗教符號。一般大眾對至今法律所忽略的行為容忍門檻降低，再加上在道德期待擴張的情況下，執法者往往傾向緩和社會氣氛。然而，這樣的傾向並不會對所有的違法行為及其行為者造成同樣的影響。這很自然地會對優勢族群寬容，但卻嚴厲地打擊平民階級。一般人對逃漏稅的容忍度通常高於商店竊盜。事實上，這種混亂的等級和相應制裁的變調同時反映出社會關係的僵化和道德判斷的分化。

但另一方面，政治精英也強化甚至預見市民們對安全性的擔憂。[4]在他們受市民委託處理其問題時，他們所採取的方式已超出民主政體對這些需求的回應。經由媒體對不同犯行和暴力事件的加工輔助下，這些精英們配合、加劇，甚至是引發焦慮和恐懼。他們利用這樣的焦慮和恐懼。實際上，他們想透過展現嚴厲，從情況的戲劇化和行使自身權威來尋求選舉的利益；而不得不承認的是，近十年間對政黨和政治人物而言最成功的策略，就是抓住這些煽情並令人激動的主題。此外，刑罰的民粹主義對這些精英來說更是有利，因為當他們掌權時，他們往往很難強調其他領域的政績，例如社會正義。

社會選擇性的不寬容就這樣和政治人物的刑罰民粹主義相呼應。但不論是何者都不足以解釋半世紀以來所觀察到的演變——我們不能只是像某些人一樣，以民眾的不安全感作為藉口，或是像某些人一樣，竭力揭發精英們的操控。是兩種現象的結合，造就了判刑率的激增。[5] 這樣的結合主要以兩種方式具體表現在公共部門的行動中：鎮壓範圍的擴張，以及制裁體制的加重。一方面，過去不屬於犯行的案件被送入刑事法庭：新的違法行為被創造出來，而某些原本只需罰款的案件變得必須被送入監牢。道路犯罪的情況便足以提供說明。公權力、公共衛生受害者與專家協會的動員，導致越來越嚴厲的法律決議、酒精檢驗可接受門檻的降低、測速器的設置、罰款的制定。因此，道路安全的違法判刑在二十年內增加了一半，而且在近十年間，駕照吊銷後的駕駛判刑增加了三點五倍，導致每年有三千件的實際監禁判刑。[6]另一方面，同樣犯行的制裁加重：更常判處剝奪自由的刑罰，監禁的時間也更長。多種因素都助長了這刑罰的實務導向。最低量刑的設立在宣判的最低刑罰比例中增加了五倍，並超出了八至十一個月的平均監禁人數；值得注意的是，即使在法令條文廢除後，其影響力仍然持續著。立即開庭審理的判決發展包括嚴峻性的增加，因為據估計在這種架構下宣判的剝奪自由刑罰比例是傳統程序判決的兩倍。權力與輿論的共同壓力，讓法官更常做出監禁刑罰或維持臨時拘押的判決以自保。[7]民眾敏感度與政局的變化就這樣對整體的刑罰制度造成影響。

然而，這樣的演變和作為支持的邏輯並非專屬於法國的特權。具有最戲劇化演變，也最值得研究的是美國。[8]在一九七〇年時，美國聯邦與州立監獄有二十萬名囚犯。四十年後，監獄人口已超過八倍，其中包括地方的感化機構（**監獄**），總監禁人口接近兩百三十萬人。如果再加上受管制（**緩刑**）或刑罰調整（**假釋**）的人，已超過七百萬人。在不平等和暴力的增加等背景下，監獄人口的增長（其中黑人人口超出比例地多）特別是更嚴峻法令所帶來的結果，這和刑罰的自動化和加重，以及刑事機構（尤其是檢察官）更無法變通的做法有關。「毒品戰爭」[*]尤其是這刑罰人口增加與分化的雙重進程的關鍵元素。

在較小的範圍和某種時間差距下，我們發現在歐洲有類似的趨勢，儘管也有明顯的例外。[9]一九九〇年代期間，捷克共和國的監獄人口幾乎增加了三倍；義大利和荷蘭增加了兩倍；葡萄牙、希臘、英國、波蘭、斯洛伐克和塞爾維亞成長了將近一半；西班牙、比利時、德國、匈牙利、斯洛維尼亞和克羅埃西亞上升約三分之一；只有在瑞士、瑞典、挪威、盧森堡、保加利亞、阿爾巴尼亞維持平穩，但在丹麥、芬蘭和冰島甚至是減少的。俄羅斯則是面臨其囚犯數量增加一半並超過百萬人口。歐洲各國在這段期間實際觀察到這驚人的膨脹趨勢，證實了同樣的兩大演變結合：在不同背景下，不同程度的無法容忍度的增加和民粹主義的推動，並反映在更嚴厲的法律條文和司法程序上。在接下來的十年間，監獄人口增加的速度趨於和緩，但全歐洲被監禁的人數仍持續增加。唯有葡萄牙、德國和荷蘭自二〇〇五年開始明顯下降，而斯堪地那維亞國家則維持低監禁率。俄羅斯的囚犯在十年間減少了四分之一，成為這列表中的例外，但值得注意的是，在此之前，其囚犯人數也是居高不下。

在世界的其他地方，各大洲的監獄人口都有顯著的成長。[10] 二〇〇〇年代期間，美洲的囚犯數量增加了一〇八％（美國除外），亞洲是二九％，非洲一五％，而大洋洲為五九％。巴西的成長率為一一五％，達五十萬人口。土耳

＊　一　美國政治術語，指美國政府為防制毒品所做出的軍事干預行動。

其則攀升至一四五%，而且近年來仍持續加劇。我們當然不該忽略這些國家之間的差異，它們在刑罰民粹主義方面顯示出不同的參與程度，最終在民主原則的運用上造成重大的變化。但除了這些差異以外，全球近幾十年趨於一致的趨勢還是相當驚人。當然，監獄人口的演化並不足以說明社會鎮壓的傾向，也不會使抗爭活動窮盡，但依舊是一種良好的指標。

從這時開始，當在世界的層級上出現了這樣的規則性，我們應假定這證實了某個超越國家歷史獨特性的重大事實。這項事實具有時間性：從一九七〇和一九八〇年代開始，接著依國家而以不同的節奏加速進展。我提議來談談懲罰的時刻（moment punitif）。[11]「時刻」一詞顯然涉及特定的時期，或更確切地說，是指某個時空：所指的現象實際上延續了數十年，延伸至各大洲，只有少數幾個國家例外。但也必須了解的是，就其拉丁詞源的動態意義而言，它的型態保留了運動、衝動、影響的意涵：這就是決定我們參與改變的力量。[12]英文則分成兩個詞：**moment**（**時刻**）和**momentum**（**動力**）。那麼懲罰的時刻有哪些特點呢？

我認為這對應到解決方案反而造成問題的特殊局面。理論上，在面臨社會遭遇到的混亂情況、社會規範的違反、法令的觸犯時，社會當中的成員會採用似乎對大多數人有效且必要的懲罰作為回應。當犯罪造成問題，處罰就是它的解決方案。隨著懲罰時刻的到來，懲處也成為一種問題。[13] 原因來自其隔離或監管的人數、其家庭與團體所付出的代價、導致集體付出的經濟和人為成本、促進不平等的產生和增生、帶來犯罪率的成長並產生不安全感，最後則是因為歧視或武斷性的應用而喪失了合理性。原本以為是用來保護社會免於受犯罪侵擾的處罰，到後來卻反倒越來越像是對社會的威脅。懲罰的時刻陳述的就是這種矛盾的現象。

那麼我們從此要如何看待這樣的時刻？十年來，我嘗試透過對警察局、司法機關和監獄進行一系列的研究，每次都是在明確的空間（場所）和時間（現在）裡，以全憑實證經驗的方式來理解這件事，而我似乎必須採用另一種觀點，這次是理論性的方式，來審視懲罰行為的基礎。實際上存有歷史和社會學的相關文獻，尤其是美國，用來描述和詮釋導致現代情況的政治演變和做法。這樣的文獻非常重要，我通常會作為參考。但這樣的文獻很少只審視責罰本身的性質，以及制定責罰的原因。提出這些問題的主要是哲學家和法學家，而且自前兩世紀以來便有大量的相關資料：我在此的對話就是希望和他們一起進行，因為他們的規範性方法顯示，懲罰必須合乎刑罰的法定架構，而非像過去或現在這樣。因此，我根據人類學和系譜學提出批判式的解讀，試圖了解懲罰是什麼、為何要懲罰，以及我們選擇誰來進行懲罰。

因此，本調查針對的並非像這樣的懲罰時刻。懲罰時刻對本調查而言——毫不誇張地——就是一種託辭。但這並不是詭計，只是以巧妙的方式促使讀者來探討更嚴苛的主題。我認為我簡單描繪的演變會讓較基本的懲罰省思成為必要，以便排除禁止某些提問、某些質疑、某些改變的可能性的影像、數字、言論等脈絡。

致謝

本書源自我在二〇一六年四月受邀至柏克萊加州大學所參與的講座：檀納人文價值講座（Tanner Lectures on Human Values）。這些講座每年舉行，幾乎都是由哲學家進行演說（事實上我是自二〇〇〇年開始在加州舉辦講座以來的第一位人類學家或社會學家）。儘管經過大量的增修，書面版本仍忠實保留口語版本論據的發展方向和結構。這個版本只少了三名討論者：大衛・葛蘭（David Garland）、蕾貝卡・麥雷儂（Rebecca Mclennan）和布魯斯・韋斯特（Bruce Western）發表的啟發性意見，其中的評論和批評肯定能擴充我的觀點，並讓我對法律、歷史和社會學的分析變得更完善。我也要感謝其他和我分享意見的同事，尤其是Linda Bosniak、José Brunner、Bernard Harcourt、Axel Honneth、Jaeeun Kim、Christopher Kutz、Thomas Lemke、Allegra McLeod、Ayşe Parla、Yves Sintomer、Felix Trautmann、Peter Wagner、Linda Zerilli。在準備原稿並進行修改的過程中，Anne-Claire Defossez和Bruno Auerbach一如往常地提供了寶貴的建議。我也要感謝Martin Jay、Nicholas Dirks和檀納講座委員會（Tanner Lectures Committee）給我機會進行這次理論上的省思，讓我十年來對法國鎮壓機關進行的實驗性工作有了更深遠的看法。但更確切地說，這些不切實際的論述（儘管我大膽地參考了觀點和我的想法一致的作家）的起始點就在於我在歐洲研究組織（Conseil européen de la recherche）所支持的科學計畫架構下，在公共安全區域、大審法院（tribunal de grande instance）*和看守所等處所進行的民族誌研究，我也務必要向讓這些研究成為可能及貢獻其知識經驗的男士和女士們表達感激之情：警察局局長、警察、法官、律師、監理人、官員、管理人員、監獄顧問、社會教育家、衛生專業人士、協會成員、政策負責人、囚犯、市民。

詞彙注釋

本研究的目標名稱並非完全沒有引發任何困難，在我們比較其書寫的兩種語言——英語和法語——時顯得尤其困難，因此在翻譯這兩種語言的引文時也是。一方面，違法——或違反道德規範也一樣，在英語裡一般稱為「**犯罪**」（crime），並依嚴重程度遞減而形成不同的概念：**重罪**（felony）、**輕罪**（misdemeanor）和**違法**（infractions），而法語對較嚴重的行為仍保留「犯罪」（crime）一詞，尤其是殺人的行為，並將「輕罪」（délit）和「違規」（contravention）等詞用於較輕微的罪行，全部統稱為「違法」（infractions）。

*

法國的法院系統分為普通法院和行政法院，互不隸屬，各自獨立行使司法權。普通法院由基層法院、中級法院和最高法院組成。基層法院包括初審法院、大審法院、違警罪法院和專門法院。行政法院包括中央的最高行政法院和地方的行政法院，以及專門的行政法院，如審計法庭等。

另一方面，對於違反這些行為的制裁——不論是否透過法律單位，在英語裡一般稱為「**懲罰**」（punishment），或有時用來指稱必須受苦的明確意圖而稱為「**報應**」（retribution），而在法語的一般用語中較常使用「懲罰」（punition）這個名詞，在司法範疇使用「刑罰」（peine），在文學的背景下則使用「懲處」（châtiment）。在我針對思考懲罰行為的範圍內，除了常理與司法技術以外，我很樂意談論「懲處」，而且在使用這一詞彙不會造成混淆的情況下，我甚至會引用「犯罪」（crime）的概念，但不預測這涉及何種違法行為。這罕見的表達法變相地透露出杜斯妥也夫斯基*的影響，但尤其需要較不受到環境限制的省思，不過不可或缺的還是法律，而且是較沒有文字陷阱的法律，因此這樣的省思必須跳脫常理或司法用語的定義和範疇——總之，就是對懲罰的人類學進行更開放性的省思。

* 一 Dostoievski，俄國作家（一八二一—一八八一），重要的作品為《罪與罰》。

引言

兩段故事

在名為〈原罪與懲罰〉（Primitive Crime and Punishment）的著名論文中，英國人類學家馬林諾斯基（Bronislaw Malinowski）轉述了一段他在初步蘭群島（Trobriand）調查時突然發生的小插曲，而這必定深深地影響到他對探討「違法」的理解。[1]「某日，突如其來的哀號聲和大聲的吵鬧讓我得知附近有人剛死掉。有人告知我是Kima'i，一名據我所知年約十六歲的少年從椰子樹的高處墜落而死。」在抵達舉辦喪禮的場所時，這名人類學家當然注意到參加者懷有惡意的無禮舉動，但由於他對儀式的形式更感興趣，就沒有多加留意。直到後來，他才了解當時緊張氣氛的涵義：這名少年在被發現和表妹之間的亂倫關係後就自殺了。實際上，在傳統的美拉尼西亞社會中，發生性關係，尤其是和自己圖騰部落的人結合，這就是違反了異族通婚的法律，初步蘭人將此視為前所未有的重大罪行。「沒有比違反這樣的禁令更能引發人們憎惡的行為」，馬林諾斯基指出，不過他仍補充「這至少是原住民法律的典範」，因為「當要將這些道德的典範應用在實際的生活上時，事情就會很不一樣」。他在這個群體的長期居留讓他意識到，如果非正式的族內通婚不是這麼罕見，那這樣的做法也就幾乎不會受到制裁。這樣的做法會受到譴責，但是可以容忍的：在面臨這些法令的違反時，這名人類學家評論「輿論就和偽君子一樣寬容」。

那麼到底發生了什麼事，將Kima'i推向了如此悲劇的激烈手段？事實上，這段亂倫關係的曝光最初只帶來村裡慣用的無聲譴責，直到某日想娶這名年輕女孩的男人表示抗議。他先是威脅要用巫術來對付他的情敵，接著這項手段證實無效，他便在某天晚上以傷人的言詞公開控訴並辱罵他，讓他沒有反駁的餘地。面對這樣的羞辱，這名不幸的男孩只有一種體面的脫身辦法。「隔天早上，他穿戴上他的正式服裝和豪華的裝飾，爬上椰子樹並對他的群體說話，向他們告別。他解釋為何他會做出如此絕望的舉動，並含蓄地指控那位將他逼上絕路的人，意味著此後他的部落有責任為他報仇。接著他彷彿如慣例要求般發出吼叫，從二十幾公尺的高度俯衝而下，即刻喪命。」不久後便爆發了一場鬥毆，求婚者被趕走而且受了傷。正是這樣奇特的發展說明了在葬禮上發生的糾紛。

然而，對馬林諾斯基來說，這個戲劇性事件最引人注目的元素並非是自殺本身，而是對初步蘭人來說，亂倫戀愛是很尋常的事，但因亂倫而引發自殺及不同部落之間的對立等舉動，卻很少見。最常見的是，這些消息提供者將這描述成對其道德標準的最重大違反，卻不會受到懲處，只要保持某種程度的謹慎便只會引發反對的聲浪。如果任何人覺得個人受到了冒犯，就會借助這樣的神奇行為，目的是為被推定為罪犯的人帶來一些痛苦，並彌補因違反異族通婚法律所引發的混亂。對這名人類學家來說，像這樣對違抗行為的對待與他許多同僚共同的信仰背道而馳：依據這樣的信仰，傳統社會受到嚴格的規範所治理，而其成員因懼怕受到嚴厲的制裁而盲目地遵循這些規範。除此之外，他們還會發明一些方法來逃避明顯嚴峻的法令，只要大概的斥責和更方便地使用巫術，就能在讓團體免於衝突的同時還能保存社會秩序，並提醒大家道德規範。符合作者功能主義論的分析如下：在醜聞爆發時，這顯示保守的策略失敗，只有一種最激烈的反抗是必須的——自殺。然而，即使是在這種情況下，制裁顯示出與鎮壓性規範和野蠻懲處的傳統表現大不相同的道德透視：這是受控訴者自行懲處，展現出較偏向贖罪或抗議，而非懲罰的行為。

×××

在將近一世紀後，在這些島嶼的另一端，一位名叫珍妮弗．高內曼（Jennifer Gonnerman）的記者在《紐約客》（*The New Yoker*）雜誌上發表了一篇題名為〈在法律之前〉（Before the law）的文章，向大眾揭露美國司法與監獄機構的運作真相。[2]她敘述了布朗克斯區（Bronx）一名黑人男孩卡利夫・布蘭德（Kalief Browder）的故事，他在萊克斯島（Rikers Island）這間紐約可怕的監獄度過很長的時間，因為被控犯下一件他否認的罪行，而且從未經過審判。四年前，那時十六歲的他在某天晚上和一名同學一起回到他家時，他被幾輛警車包圍。「一名警察告訴他，有名男子剛宣稱自己是搶案的受害者。『我從來沒有搶過任何人，』布蘭德說，『您可以檢查看看。』警察搜了他和他朋友的身，什麼也沒找到。」警察返回原告所在的車上，然後帶著新的說詞回來，根據原告所述，搶劫發生在兩星期前。兩名男孩被戴上手銬並帶回警局，在警局裡被拘留了一晚。隔天移交給檢察官，他們得知是一名墨西哥移民控訴他們搶了他的背包。他們再度否認與這項罪行有任何的關聯。布蘭德的同學在等待訴訟時被釋放，布蘭德則繼續被臨時拘留，因為他這時被發現他在八個月前因某件輕微的罪行而被判受管制，儘管他並沒有承認犯下這樣的罪行。交保的金額定為三千美元，對他收入微薄的母親來說是一筆龐大的數目，她獨自撫養七名子女，其中有五名像布蘭德一樣已經被人收養。他因此被監禁在萊克斯島人口過剩的監獄機關的未成年中心，和其他被拘留的年輕人一起塞在受黑幫控制的五十處宿舍裡。

兩個月後，布蘭德被大陪審團以「暴力搶劫」的罪名控告起訴。他拒絕認罪辯護，被帶進牢裡等候他的訴訟。在接下來的三年期間，他出庭幾十次，但每一次都因技術問題而無法開庭，不是檔案不完整，就是律師或檢察官缺席。他後來聲稱他覺得司法在玩弄他。儘管實際上紐約州存有一條法規，依據該法規，犯罪若未在起訴的六個月內進行審判則必須要放棄，其訴訟的反覆移交會使該法規形同無效。此外，檢察官多次向他提出較輕微罪行的認罪辯護，該機關的指定律師勸他接受提議，但這名年輕人拒絕了。在拘留即將結束前，法官甚至向他保證，只要他承認有罪，他就會被立即釋放。反之，他就會再度被帶進牢裡。而就如同每次出庭，他堅持喊冤。說實話，這樣的態度是極為不尋常的。在前一年的布朗克斯區的輕罪法庭裡，僅有一百六十六件犯罪案件受到審理，而將近四千件以罪犯的事先認罪結案。

在這段期間，監獄機關的生活條件對這名年輕人來說是每下愈況，不論是個人的騷擾，還是其他犯人的暴力行為。某天晚上，獄監將不久前爆發鬥毆的一群囚犯叫來，在詢問他們時一個接一個地打。接著他們叫這些犯人到醫護室處理傷口，之後將被安置在懲戒用的單人禁閉室。渾身是血和被打傷的所有犯人安靜地回到自己的區域。以單人禁閉室隔絕實際上是最常見的懲處措施。平均一天會有四分之一受監禁的未成年人被判關入禁閉室中。布蘭德歷經了好幾次。他的獄期總共有三分之二的時間都是在禁閉室裡度過的。更何況他的兄弟建議這可能是逃避飽和宿舍裡其他犯人壓迫的好方法。但他的兄弟在一次探訪時觀察到布蘭德因被剝奪食物而變得削瘦，以及遭受虐待而留下的痕跡後改變了想法。某天，布蘭德和一名警察有口角，後者在陪他戴手銬淋浴時，將他壓在地上痛打一頓。還有一次，在他回到他的單人禁閉室時，一群犯人撲向他，當著獄警人員的面，對他拳打腳踢，而獄警人員介入時只是不疾不徐地將他們分開。這兩個場景的沉重影片在後來已經公開。屈服於這專制暴力的體制，沒有從其司法程序中脫身的希望，這名年輕人越來越抑鬱寡歡。好幾次，他試圖結束自己的生命，尤其是當他重返法庭，而他的案卷又再度被發回時。

最終，在他的二十歲生日後不久，在第三十一次的庭訊時，法官竟告知他不再起訴。控訴他的人離開了這個國家，而且下落不明。布蘭德被釋放了。他回到母親身邊，重拾課業，參加電腦培訓，但卻找不到工作。在高內曼的文章發表後，他成了刑罰不公的象徵。政策負責人用他的案例主張司法和監獄制度的改革。戲劇界名人探訪他以表示對他的支持。一位匿名的捐贈者為他支付大學的註冊費。一名律師代表他控告紐約市。然而，這名年輕人無法適應他的新生活。他不斷向他的親友敘述他在獄中所遭遇的不幸和痛苦。「我的精神生活已經受到了損害，」他說，「對我來說，有些事情已經改變了，而且回不去了。」他的精神狀態逐漸惡化。他把自己關在房間裡，在別人面前會感到不自在，而且開始認為別人一直在監視著他。他兩度因精神病住院。「我感覺我生命的喜悅被偷走了。」有一天他對這名記者吐露心聲。某日下午，在他出獄的兩年後，他在他房間的窗戶自縊身亡。

×××

除了兩名十六歲的男孩最終都是以自殺的悲劇收場外，為何要將這兩個如此不同的故事擺在一起？在他們的時空距離之外——**按理說**，在二十世紀初期某太平洋島嶼的居民和二十一世紀初期的紐約居民之間幾乎沒有共同點——他們敘述的犯罪與懲處的故事讓我們對我們何謂刑罰的認知提出質疑。實際上，我們通常認為刑罰在於對違反某規範的行為者施以制裁或懲罰，而為了具有合法性，刑罰必須看起來具有道德或法律基礎，且對於犯下的錯誤或輕罪而言是適當的刑罰。到處充斥著像這樣將犯罪與懲處連結的明確證明，我們在哲學家與法學家很久以前所做的分析中普遍能看到，即使他們已經修飾了用詞並爭論過其重要性。然而，馬林諾斯基和高內曼所敘述的故事顯然和這樣的解讀並不一致。這些故事將這樣的解讀擴大並加以轉移。它們有部分已經過頭，有部分已超出常理和學術論說所提供的範疇。

在Kima'i的案例中有犯罪，但沒有懲處。違反族外婚法規一事證明屬實，也受到了承認。據說這樣的違法行為甚至引發了初步蘭人最深層的恐懼。然而，他們最初的反應幾乎是漠不關心：頂多就是一些譴責的議論。接著，如果有人認為自己個人受到損害，尤其是作為求婚者的身分，可能就會動用到超自然的力量：符咒、魔法和儀式，主要用來補救造成的傷害。其他社會也記載了類似的觀察現象。同樣地，大衛・施奈德（David Schneider）指出，密克羅尼西亞的雅浦州（Yap de Micronésie）在發生亂倫的情況下，最常見的反應是「表面上的不贊同和迴避」，但「不會以排斥的方式表現，而是竊竊私語」：不會對違犯者採取任何「明確的行動」，甚至會進行尋找善靈的占卜以「避免懲處」。[3] 根據馬林諾斯基的觀點，這些慣例運作的策略就如同「公認的逃避系統」，可在正式法規陳述與平庸的犯行之間進行協調。這「非常有效」，他指出，因為這「抵消了族內亂倫的負面效應」，因而保存了社會秩序，但又不會讓道德規範再度受到質疑。只有在這些程序失敗的情況下——不過這很少發生——尤其是在醜聞導致團體無法忍受的狀況時，危機的解除才需要更極端的回應，即違法者的自殺。

再次強調，我們不該將這樣的動作詮釋為一種懲處，因為這並非強制性的，而是選擇性的；他並非被動性地接受制裁，而是一種贖罪，目的是緩和所引發的混亂，並對所遭受的侮辱表示抗議。他以光榮的形象被銘記在人們的心中，而非以罪犯的形象。因此，我們必須避免犯下人類學家凱思・奧特貝（Keith Otterbein）的錯，他在〈死刑跨文化研究〉（étude transculturelle de la peine capitale）中詳述不幸的Kima'i的情況作為他辯論論點的說明，根據他的論點，這樣的死刑是通用數據，而且被所有社會的大多數人所接受。[4] 除了他意識型態的假設和政治意涵，有些人認為他的這項論點是試圖從人類學的角度為美國的死刑辯護，而這來自科學的曲解，因為馬林諾斯基本身多次強調「自殺真正且直接的原因是受辱的時刻」，而且「自殺當然不是審判的方法」。因此，我們必須了解Kima'i的死並非是他承認犯錯而自我懲處，而是一種贖罪和反抗，前者用來滿足他族人的意圖，因為他擾亂了部落的安寧，後者則是用來反對他的控訴者，因為他將他推向了絕路。

總之，其概念就像是犯罪（**更別說是**已知社會中最嚴重的罪行）需要懲處，但無法證實的是全世界的懲處方式相同。這樣的主張好過於只是相對性地斷言不同的社會會採取各種不同形式的刑罰。刑罰是對道德約束，甚至是法律約束的質疑，法律約束被視為是連結犯罪與懲處所必需，即違反一切規則必須受到處罰的原則。

相反地，在布蘭德的情況下，這是懲處，而非犯罪。我們當然可以得出這樣的結論，對於指控者斷言認出侵犯他的人等控訴，以及先前暗指其具輕罪形象的行為是否存在，我們還是必須提出合理的懷疑。然而，這樣的懷疑讓人意識到，我們必須對可能的訴訟進行審查，而非對監禁本身，因為在法官拘留並聽取證人的陳述後，這名年輕人被關進監獄，而他的同學卻被釋放了。基本上，在被告被認為很危險，而且可能無法出席其訴訟時，就已經宣判臨時監禁了，但事實上這取決於兩項要素。首先，布蘭德已經成為定罪的目標，因而受到保護管束，而他因為被認為犯下偷竊罪，導致這項青少年法律保護措施遭到撤銷。其次，但也很主要的原因是，可讓他免去牢獄之災的保釋金故意被定在遠超過他母親所能負擔的金額之上。換句話說，導致他受到監禁的並非犯罪或犯罪的嫌疑，而是司法體制與財務限制共同產生的結晶，後者最後證實是決定性的因素：法庭要求的金額如果少一點，年輕人的出身如果不是那麼卑微，他便可以在家等候訴訟的傳喚。這普遍的事實說明了司法實務意味深長的演變。二十年來，美國以財務條件釋放而等候訴訟的比例以及判定的保釋金金額不斷增加。[5] 因此，不論被指責的罪行輕重，就維持臨時監禁而言，經濟條件的挑選已成為歧視的重要推動力。

再說，我們也可以就嫌疑本身的事實進行省思。有鑑於偷竊控訴的不明確和變化，我們可以合理地認為這些男孩的社會種族特徵和布蘭德的前科影響了警察、法官和大陪審團的決定。但在這類的案件裡，在訴訟程序初期必定占上風，而且可能有利於被告的疑慮，往往因為認罪協商安排的大量上訴而消失，而在協商的過程中，認罪可換取控訴罪行的減免。這時取得的招供便可充當證據。三十幾年來，在聯邦層級的法庭裡公審的訴訟量就這麼從五分之一降低至三十分之一：九七％的案件在訴訟前便在檢察官的施壓下提前解決。檢察官讓人隱約感到在訴訟的情況下，責任會更沉重，刑罰也更嚴厲，而且不會進一步審視以確立犯行，讓嫌疑犯接受指控；據估計，美國有兩千兩百萬名犯人，其中有超過兩百萬名犯人因為沒有訴訟權而坐牢，這當中有一部分的人儘管無罪也接受了認罪辯護，雖然確切的數量無法估算，但就可取得的部分數據而言當然是相當龐大的。[6]這正是布蘭德拒絕做的，而且非常堅持，即便是有人對他提議，只要他承認就會立即被釋放：儘管很絕望，但仍堅定不移，他堅稱自己無罪，並返回他可怕的監獄世界裡。此外，這時法官大概也開始懷疑他可能無罪，至少可能也無法確立他的罪名，因為原告已經失蹤。對他們來說，即使很勉強，但認罪才能光榮結案。這名年輕人並沒有滿足他們，因此他們拖了很久，讓他不經審判就在監獄機關裡度過了無數個日子後才將他釋放。

儘管如此，但願這漫長的監禁不會讓懲處變得理所當然。實際上，在這名年輕人受到臨時監禁時，人們可以反駁，在一個人被評斷為危險時，法官將只是運用一種權宜的措施來保護社會，或是為了確保他會出席後續的司法程序。技術上來說，這和制裁無關，只是法律規定的預防措施。然而，很難想像的是，法官居然會忽略監獄裡很凶險的事實，尤其是萊克斯島，已經有無數的官方報告和新聞調查揭露裡面不人道的狀況，特別是青少年中心。因此，將這名年輕人關進牢裡，讓他因為受審而遭受痛苦，就像是假定他違法而得到合理的報應。此外，法官認為這樣的考驗可能有利於招供，待犯人準備好認罪就可以縮減刑罰，這就等於是利用拘押作為用來獲取告白的折磨形式。儘管如此，即使假設這意味著在獄中居留就相當於提前懲罰——而我們知道，在這些不明確的情況下，刑罰的量往往和臨時拘留的確切時間相符，證實了臨時拘留的懲罰性質——我們可以尋思受譴責的行為：即無重大犯罪前科的青少年偷竊背包，以及被強加的制裁：在獄中度過三年、在擁擠的宿舍和禁閉室之間往返、屈服於獄卒的專制和幫派的暴力行為的情況，這兩者之間的比例關係。然而，如果說是司法不公，或是將責任都推到法官頭上，則將會忽略這樣的事實：矛盾的是，接下來的訴訟程序完全合乎規定，而其進行方式也再尋常不過。布蘭德的故事並非美國司法體制運作不良的結果：反倒是見證了通常的運作方式。

簡言之，導致這名年輕人受到監禁的並非是違法或犯罪嫌疑，而是他的社會特徵，也包括他的膚色，讓他成為理想的嫌疑犯，以及他的家庭財力不足，以致無法支付他的保釋金。此外，強加在他身上的臨時監禁並不能被視為只是預防性的管理措施：它的進行方式就像是經過偽裝的制裁，在數量上，他坐牢的時間，在品質上，他在牢裡的居住條件，種種限制性的規定已超越他被控訴的犯行的嚴重性。就這樣因為罪與罰的因果關係和比例性而翻案，前者最終並沒有確立，後者則從未就其真正意義進行陳述。

兩個故事之間的對照——當然應該從啟發性的角度去解讀，而非兩種社會的系統化比較——說明了初步的結論。首先，犯罪並非不可避免地需要懲處：社會已經設想出其他的回應，即使是最重大的罪行，都可以受到漠視。其次，懲處未必來自對犯罪的制裁：與罪行無關的邏輯可能占上風，尤其是和社會與經濟相關的邏輯。第三，嚴重的罪行可能導致溫和的制裁，而青少年的輕罪卻可能接受嚴厲的判刑，這駁斥了罪與罰之間的一致原則。第四，刑罰的事實可能遠超出其表面的範圍，這顯示出懲處陳述與執行的分離，甚至不論罪行的重大與否。除了這四項主張，還應該再加上第五項，而這第五項幾乎可以說是前四項的基礎。因為，如我們所見，罪與罰的概念本身不論是在社會的世界裡還是在知識的爭論中，都常需要加以解釋，也因而產生爭議——沒有受到制裁的違反行為是什麼？什麼是唯有遭受者才視為是懲罰的措施？是誰決定何謂犯罪，何謂懲處？與其強加標準，按規定明快地解決，我認為更公正且具實質意義的做法是試圖理解這些不協調和紛爭中重要的是什麼，最好是以**合理**的定義**憑經驗**進行分析。

但兩段故事的對照——透過強調其中的對比——也喚起另一種思考，這次是以社會的道德與政治為基礎。這樣看來，初步蘭人在其法規的應用上顯然很靈活，而且在違法的制裁上是寬容的，同時他們寧願以說長道短、儀式，且最終手段會為了榮譽而自殺等方式來進行制裁，而非各種的懲罰：他們會優先以和解作為社會秩序的調節方式。相反地，在美國，人們支持以羈押的方式進行抑制，將犯法的行為者關起來，迫使無辜者進行認罪辯護，對窮人進行最嚴厲的制裁，容許刑罰機關內部的專制和暴力行為：為了管理失序的社會，付出的代價是應用法律和分配制裁時造成的不安。這並不是要確立社會之間的道德等級，甚至是將對犯罪的傳統做法理想化，以便在懲處方面做出最佳的現代判刑選擇，而是要顯示並討論在面臨違反規範時各種可能的政治回應。

×××

何謂刑罰？為何我們要施以刑罰？我們要對誰施以刑罰？這就是構成本著作的三大疑問。因此這涉及懲處的重新定義、證明和安排。我們將會發現，這三項問題將會引發另外三項問題。何謂刑罰？讓人尋思刑罰的概念從何而來。為何我們要施以刑罰？延伸至我們要如何施以刑罰的疑問。最後，我們要對誰施以刑罰？顯示這離不開選擇誰來施以刑罰的研究。

儘管如此，我將對此設下界限，將我的話題主要限定在負責決定對犯罪實施懲處的公共機關，尤其是政治領袖、立法機關、警察、司法機關和監獄，因此排除了在私人空間實施懲處的組織團體，例如家庭，以及首要功能並不在懲罰的機構，例如學校或工作場所（若了解西方社會的師長如何開始越來越積極對孩童判處和施以體罰，同時狂熱地從監獄機構開始發展出更嚴厲的刑罰機關以實施依法拘禁，並理解國家如何不斷擴張其對合法暴力的壟斷，會很有意思，但這樣的分析已超越了我要就此話題闡述的範疇）。

即便有這樣的界限，在人們關注懲處時，我還是選擇探究比常見做法更深入的領域。刑罰社會學家大衛・葛蘭在他可敬的研究《刑罰與現代社會》（*Punishment and Modern Society*）開頭就這麼小心地描述他的主題：[7]「懲處是依據特定法律種類和程序對違反刑法者判刑和施以制裁的法律過程。」儘管我認為這個方法的完美基礎在於**事先**定義主題，以一種我們可稱之為涂爾幹式的邏輯，我自己還是嘗試反向進行，以某種程度的韋伯*式邏輯，或至少是歸納的方式，以便從我蒐集的經驗素材——我自身和其他人的經驗——開始尋求**後天**的判斷理論。不預料懲處會是什麼，甚至不假定這是犯罪唯一可能的回應，我因而允許自己開啟其他的道路、其他的觀點。

實際上，我提出的三項問題為兩千多年來首先由哲學家，接著是神學家，再來是法學家，近年則是政治學家、經濟學家、心理學家、歷史學家、社會學家、人類學家等各家學說縱橫交錯的道路設下了路標。因此，大膽地提出看法並非沒有贅言的風險。為了儘量避免，我會選擇較冷門的捷徑。我提出的方法實際上並不傳統，因為它跳脫了紀律的界線。這種綜合性方法取自幾種鮮少共同動員的學說，但我認為一起思考很有幫助。若必須形容這種方式，我們可以說是批判人類學。如同我在此的思考，人類學可被形容是一種理解社會世界的方式，但帶有令人出其不意的傾向，也就是一種能力：不將事實和情況視為不可避免的必要產物，而是隨著時間構成特定配置的結果。這些配置也可能大不相同，而且注定會產生變化。我們認為，將事物的連帶影響納入考量是理所當然的，例如違法就必須懲罰，但智慧財產權卻沒有納入這樣的考量，因為它同

*

Max Weber，德國哲學家、法學家、政治經濟學家、社會學家，被公認是現代社會學和公共行政學最重要的創始人之一。

時涉及道德和政治的問題。因此，這樣的思維令人驚訝再加上憤怒也不是不可能。

因此，提議的方法以批判認識論的方式進行，並結合兩大現代措施：系譜學與民族誌研究。系譜學同時研究和犯罪與懲處相關的起源和現代概念發展。為了實行這個方法，我特別仰賴文獻學、民族學和歷史，以便從詞源、其他的社會和以前的世界中辨識出能重建我們今日如何開始依人們的行為進行處罰的軌跡。與其採用米歇爾・傅柯（Michel Foucault）一般提出的較短期系譜研究，我更注重的是如尼采所構思的長期系譜研究。尼采意識到自己的障礙，但也相信自己具有與事實澈底決裂的潛能。[8] 實際上，這是要我們在提出唯有系譜法同意的假設時，去質疑我們以為自己對懲處的認知。民族誌研究本身則建立在社會世界中的長期存在，而這個世界讓成員得以建立相互信賴的關係，並以其思考和行動的模式取得某種熟悉度。在這種情況下，我特別援用我在法國針對警察局、司法機關和監獄進行十年的調查。這項調查涉及巴黎郊區的公共安全區，我追蹤了警察局和犯罪防制大隊常備單位的巡邏活動十五個月，在重要居住區的看守所進行我的研究四年，並在地方法院觀察了三十幾個立即移交的訴訟案。就社會學和政治學的角度而言，這些地方性研究屬於更廣泛的法國鎮壓行動分析。[9]在這些長期調查中，我只保留某些片段：較有意義的場景，即根據懲處的定義、證明和分配，以常見的假設指控某些人的場景，但在此這顯然無法凸顯出民族誌研究的深度。

兩種方法在某種程度上相輔相成，並具備同樣的批判法。系譜學查閱刑罰機構的基礎。民族誌研究則顯示出最具體的利害關係。前者指出罪與罰之間關係特殊配置出現的條件，而後者則研究罪與罰允許或排除的條件、增加或減少的條件，以及凸顯或導致消失的狀況。因此，結合系譜學和民族誌研究讓我們得以參考傳統的方法，例如哲學和法律的方式，這些方法在邏輯上支配著近代和當代關於罪與罰的概念，而且對於界定可想像與可能的範圍大有助益。這樣的變更致使這雙重驗證法特別以提問為目的，一方面是對其主張的理論基礎提問，另一方面則是對標準陳述和觀察到的做法之間的實際差距提問。這並非暗指哲學家與法學家享有同樣的信念，或是具備一致的素材。正好相反，我會試著說明他們論題的多樣性及其議論的豐富性，某些批判法，如同「法律與社會」（Law and Society）運動，就和我的方法趨於一致。但社會科學，只要涉及歷史、社會學或人類學，就能讓人聽見其他的聲音並讓人看見其他的事實——過去、現在和未來可能的事實。因此，這就是我想要帶著紀律投入的批判式對話，而這些紀律已隨著時間建立起與懲罰行為相關的知識和慣例要點。

CHAPITRE 1

第一章

懲罰是什麼？

QU'EST-CE QUE PUNIR ?

超過半世紀以來，大多數對懲處的定義都是參考同一份英國法律哲學家哈特（H. L. A. Hart）的原始文本：他作為著名的亞里斯多德協會（Aristotelian Society）主席，在一九五九年發表的演說。[1] 在混亂紛雜的議論背景下書寫英國上議院（Chambre des Lords）的死刑時，他竭力闡明相關用詞，並從五大標準開始對懲處做出定義：「必須導致受苦或其他通常被認為不愉快的結果；必須對違反法律規則做出回應；必須施加在違法的真正行為者或假定的行為者身上；必須由違反者以外的其他人有意地進行管理；必須由法律體系指定的權威機關對於犯下的違法行為強制執行。」這五大標準將「標準或主要的情況」定義為「一種與犯罪相關的刑罰標準」。這些標準陳述的不只是刑罰應有的條件，還透過減法，陳述刑罰不應有的條件。因此，在看似提供單純說明的同時，他為此提供了雙重的合理性：道德合理性，因為這涉及違法行為而且要施行在其行為者上；法律合理性，因為這是違反規則所賦予的資格，而且權威機構必須負責進行制裁。

儘管哈特堅持辨別定義和證明的必要性，但他對懲處做出的描述因而再度被用來將懲處合理化，尤其是將其本質合理化：透過官方機構的中間人對犯下受指責行為的人施以刑罰或使其遭受同等的痛苦。在他的定義下，懲處由權力機構行使，而且還是在有意識的情況下行使。他甚至承認還有其他的懲處方式未列入他提及的範圍內，例如委託處罰，即不涉及行為者或違反不屬於法律規則的懲罰，而且我們發現，若將這些也納入考量，這其他的懲罰形式在第一種情況下會弱化制裁的道德合理性，並在第二種情況下弱化其法律合理性。此外，他形容這些形式為「低等」，而且不在他的文章裡更深入討論。從這時開始，我們應該尋思，在像大多數的法學家和哲學家一樣接受哈特的標準定義時，我們失去了什麼，或是掩蓋了什麼。[2] 因此，我首先在民族誌研究觀察的基礎上竭力討論提出五大標準的直接相關性，以顯示最終唯一經得起分析的標準，並接著從系譜學的思考去了解這項元素如何能定義什麼是刑罰。

×××

讓我們考量以下的事實，即二〇〇五年法國騷亂前幾個月我對警隊進行調查期間所記錄下來的事件。某天下午接近傍晚時分，一名住在巴黎郊區小住宅區的居民報警，告知有輛四輪越野摩托車出現在附近的公園裡。一支巡邏隊被派至現場，抵達時，警察試圖將車子攔下。摩托車的駕駛在試圖逃避警方時跌下車，但並沒有受傷。當追上他的警察準備要制服他時，卻被幾個年輕人包圍了，他們激烈地抗議警察對他們朋友的逮捕。警察感到有危險而撤退並請求增援。幾分鐘後，六輛警車來到現場。十五個左右的便服或制服保安警察下車，衝入公園附近的住宅區，讓正從容享受這春季夜晚的夫妻與小孩們陷入混亂。一名為了保護兒子而居中調解的婦女被粗暴地逮捕。有人目睹一名九歲的男孩因為和一名警察爭辯而被以光彈槍指著太陽穴。幾名在公共空間的年輕人因為來不及逃跑而遭到逮捕。警察宣稱認識最初爭執的主事者，他們衝向其中一棟公寓的樓梯，撞破住有主事者父母的公寓大門。跟著一片混亂，主事者的姊妹聽到嘈雜聲，從房間裡出來，結果被警方推倒。最後，嫌犯被扣押、戴上手銬，帶回警局，這時人們才發現他是盲人，這讓他因迅速對警方展開反擊的事件而有罪的說法變得不太可信，於是他被釋放了。在十二名被逮捕的居民中，有五名因為母親反抗而被拘留，因侮辱和反抗公共權力機關授權警察而等候起訴，而其他人則在當晚稍後被釋放，由於那時已經沒有大眾交通工具，他們只能走路回家。主事者的姊妹被帶到醫院，醫師診斷她的手臂骨折，頸部損傷。

我方才轉述的場景對勞動階級住宅區居民而言並不少見。在我進行調查期間，我目睹或聽說各種類似的插曲，嚴重程度不一，而在事情變糟時，這類的事件可能會以死亡告終，或是導致城市的混亂失序。所幸大部分是無關痛癢地結束，除了直接經歷的人，大眾一無所知。但在警隊的三名同事將那些居民視為妨礙公權力介入時，要如何解釋警隊的反應？要如何形容這粗暴的討伐：造成居民物質損壞和身體受傷，以達成不太具有說服力的逮捕行動？以哈特的定義來看，人們試圖拒絕懲處：當然，他們所忍受的不快不會比要處罰他們的意圖更受到質疑，但逮捕似乎和最初的違法行為無關，即受到逮捕的嫌犯犯下某種輕罪，最終因警隊的法定使命而受到處罰。此外，居民本身毫不猶豫地說這是報復行為，而某些警察自己也含蓄地做出同樣的分析。

是懲罰還是報復？哲學家從很久以前便開始進行這樣的對比，評斷這是不好的而且不合理的，評斷那是好的且合理的。歐洲中世紀的哲學家兼神學家湯瑪斯・阿奎那（Thomas d'Aquin）早就認為這兩者之間的區別在於修正錯誤的意

圖：「若他的意圖主要關注在不好的一面，那麼他就會進行報復」，他從中作樂，那麼這樣的回報方式就是不正當的；「但若其意圖關注在好的一面，而認為必須進行懲處」，涉及對犯行或其他人安全性的修正，那麼這樣的回報方式就是正當的。[3] 羅伯特・諾齊克（Robert Nozick）則在承認「懲罰與報復享有共同結構，即以已知理由施以懲罰，而且渴望別人知道為什麼」時，提出五大加以區分的元素：懲罰回應犯下的錯誤，依行為嚴重比例的範圍而定，前提是和發起者沒有個人的連結，不包含情感的面向，而且遵守一般的意義原則；相反地，報復回應的是所遭受的損害，沒有界線，和發起者有個人關係，涉及情感，而且每一次都是獨特的。[4] 我們可以想像這樣的區分可能隱含讓後者（盲目的復仇）變得不合理並讓前者（應得的懲罰）更合理化的目的，而且在法令變得越來越嚴厲並處於新型態暴力的現代社會背景下，帶來了將「他人」（報仇的野蠻人）和「我們」（進行懲罰的文明人）區隔開來的政治效果。

但我們可以如此輕易地從行為中區分這兩個概念嗎？「奧賽羅（Othello）

在認為他的妻子苔絲狄蒙娜（Desdémone）背叛他時，他是懲罰她，還是在報復她？基度山伯爵（Le comte de Monte Cristo）對於毀掉他人生的敵人是懲罰還是報復？」作家萊奧．扎伯特（Leo Zaibert）思忖，對他來說，這樣的區分最終較偏向詭辯而非分析。[5] 美國古典派政治學家丹妮爾．阿倫（Danielle Allen）對古希臘悲劇詩人艾斯奇勒斯（Eschyle）的悲劇中宙斯（Zeus）對普羅米修斯（Prométhée）施以酷刑提出了類似的疑問：[6]「我們無法確切知道這是懲處還是折磨。」如果我們不是透過文獻，而是在真實世界中尋找案例來檢驗諾齊克假定的標準是否能區分兩種概念，我們是否能夠認為殺人犯被判處死刑僅是對犯下錯誤的回應，而非對遭受損害的回應？將小偷剁手是否和犯下錯誤的嚴重性相稱？將被控訴偷盜其主人的奴隸施以鞭刑是否來自客觀的決定？將判刑者公開處決是否免除了情感上的展現？最後，將政體垮臺的暴君處以絞刑是否符合普世價值的公平原則？然而，上述的每一種行為在其特定的背景下，都是可以被理解為懲罰，並以懲罰的方式呈現，而非報復。關於這兩者之間的難以區分，法國社會學家艾彌爾．涂爾幹（Émile Durkheim）在仔細研究後如此寫道：「懲罰至少有一部分是復仇的成果。」[7] 此外，對他來說，復仇完全不具備道德學家和哲學家所賦予的負面意義：他從中看到了自衛本能的有益表現。

讓我們再回到警方對勞動階級住宅區的介入事件。鑑於其製造的混亂，我們很難從中看出單純的公共秩序運作，或鑑於其造成的不安全感，我們很難看到單純的治安運作。實際上，這些報復行動是想將暴力循環簡化為不當的個人反應，以挽回執法機關的名譽，但我們能夠接受他們以行使公權力來將報復行為合理化的說法嗎？我認為我們更應該從懲罰行為的角度來思考這樣的場景。我將同時利用主觀（警察們的感受）和客觀（旁觀者所能做出的分析）的要素來證實這樣的立論。

警察當然不會將他們的介入視為報復性措施。在面對其管理高層和司法機關時，他們顯然不會因此而願意承擔責任，因為按理他們是不能對民眾施以報復的。但他們的私人談話顯示，他們也不再考慮那些法條，甚至發展出整套用來將這種行動合理化的論據。他們的辯解有兩種。首先，他們以為勞動階級住宅區的居民都對他們有敵意，這允許他們也以敵對的行為回敬——「他們不愛我們，我們也不愛他們。」犯罪防制大隊的隊長打趣地說。此外，他們往往會將這一區的居民，尤其是年輕人，與犯罪或輕罪活動相連結——「我們再也無法區分出流氓和老實人。」負責該區域的警察坦承。這兩段負面的敘述不加區別地涵蓋了所有人口，往往成為種族和排外偏見的基礎，用來反對大部分的有色人種和移民。警察沒有經過意見調查，也沒有相關領域的觀察報告加以證實，就這樣認為他們的人民是由可能的敵人和潛在的罪犯所組成，因而認為他們懲罰的行為是合理的。其次，他們認為司法是無效的，而且法官太過寬容。「我們逮捕了犯下輕罪的犯人，交由檢察官起訴，但隔天我們又在街上見到他們。」這是巡邏隊中經常聽到的老生常談。儘管統計顯示法官反而越來越常快速且嚴厲地判刑，但這樣的信念讓警察們自認有權立刻處罰他們逮捕的嫌犯。騷擾、刁難，有時是暴行，在某種程度上成為假定司法機關寬容而提前做出的非正式報復。

從觀察的角度則能結合歷史和政治背景，更全面性地考量局部狀況。由於這樣的行動並非單一事件：它具備了常見的行為模式，以及警隊介入勞動階級住宅區的理由。犯罪防制大隊的一名警察表示這些模式是「必要之惡」，而一名高級官員也評論這些模式「深受他們的上級喜愛，因為可以呈現出漂亮的數據」。從在國家警校開始，那裡的訓練就為未來的保安警察強化了關於這些區域及其居民的偏見，一直到內部紀律委員會，在這裡，偏差行為不受到處分始終是常態，該機構致力於維持明確的懲罰實踐與其辯解的合理化。再說，這些實踐同時受到公共空間無所不在的安全言論、某些人民堅持的譴責、必須達到的逮捕額度，最後也包含國內政治家的推動，後者為警察提供工具，包括技術性和法律性的工具，並保證在遇有過失或意外事件時為他們提供保護。在這些條件下，他們自認有資格實行這些法外的懲處形式。

鑑於用來說明的主客觀要素，我們因而可以推論，在這種情況下，警方的介入是一種懲罰性的行動。[8] 這樣的解讀有兩大重要的理論意涵。首先，與其試圖檢驗使該定義生效的事實，我們反而必須竭力將定義套用在這些事實上：在這種情況下，警察為其行動賦予的意義，以及我們對其基礎理論所能做出的分析，甚至都導向對提出標準的質疑。其次，儘管理論上將懲處的定義和證明分開是合理的，就如同許多哲學家和法學家所強調的一樣，但從經驗來看是很難做到的：警察，在某種程度上也包括其機構，需要論據來將他們看似謬誤的行為合理化，否則就會成為偏差的行動。

因此，若我們接受這樣的解讀，那麼從犯人還沒被逮捕時開始，這和哪一種的懲處有關？是涉及摩托車的駕駛，還是前來援助駕駛的年輕人？我們可分為兩種模式：集體和隨機。第一種模式就是懲罰嫌犯所屬團體的所有人，即該居住區的居民，更具體地說是青少年和年輕人。該地區的寧靜受到打擾，環境被弄亂，有些人受到侮辱或威脅，其他人被撞倒或推倒。他們因而得知，不論其年齡、性別和身分為何，他們只能任憑這些暴力入侵擺布而無法求助。第二種模式則是特別處罰將成為可信嫌犯的人，可能是根據其案底，或僅是因為警方終於抓到了他們。他們受到盤查、搜身，有時還被逮捕。在這個過程中有個基本的要素是：他們或許能夠對國家公權力警察侮辱和挑釁他們的資格提出上訴，因為這些警察的主要目標是在其逮捕行動中受傷的居民，但也因此這可能的控訴會受到抵消。因此，街道上的懲處幾乎總是夾雜著法庭上的懲罰。儘管這樣的懲罰會引發警察階級的保守態度，認為這會促使警察挑釁其民眾，但這受到內政部鼓勵的做法導致這樣的不法行為在近三十年內有驚人的成長。

簡言之，讓我們就懲處的傳統定義來重新考慮所有的元素，我們發現警方的行動受到法定機構所管理，該機構並不負有懲罰的使命，但仍自認有權這麼做，而且能夠在這層意義上更鞏固這樣的行為；對違法的制裁並不符合介入的理由，甚至可以製造出來將控訴合理化，並抵消可能的投訴；若缺乏明確的罪犯，制裁可能會變成快速懲罰或隨機懲罰；而其執行的方式則是借助身體和精神暴力的法外形式。

方才來自法國背景的描述當然並非特例。近代世界各地的警察在現身時越來越像是法外懲處的化身，有時還會使用非常極端的懲處。在巴西，人權機構評估在二〇〇五年至二〇一四年間，有五千人在里約熱內盧（Rio de Janeiro）的貧民窟被警察以犯罪防制的名義殺害。在菲律賓，官方統計指出，光是在二〇一六年七月就有超過一千八百名嫌犯被殺死，其中的七百人是被警察在新上任總統決定的反毒品販賣活動背景下處刑。在美國，二〇一五年的統計有一千一百三十四例死亡是由警方造成，即同時期死刑處決數量的四十倍以上，而且引人注目的是，在兩種情況下受害者的社會種族條件類似。[9]將這些殺人事件解釋為法外懲處的說明依背景而有所不同：在某些情況下，政治領導人的聲明和部分民眾贊同的反應會明確證實他們接受刑罰民粹主義的存在；在其他情況下，官方對這些做法的支持、促進這些做法的機構所扮演的角色、這些做法享有的司法豁免權，以及伴隨而來的縱容沉默，都顯示這民粹主義的潛在或含蓄表現。然而，警方的懲罰職權無法僅以這些極端的行動來概括。在日常生活中，這樣的職權轉化為騷擾、挑釁、威脅、凌辱、種族侮辱、不當控制、無根據的搜索、無理的取締、痛苦的手銬、無動機的逮捕、專橫的拘留、不留痕跡的毒打，有時甚至會使用酷刑，而這些有文獻紀錄的做法都集中在最弱勢的人口階層。[10]警隊法外懲罰做法的普遍化和正規化是現代社會大多仍不重視的重大事實。

在一篇具影響力的文章中——也是哈特定義的靈感來源——哲學家安東尼．弗萊（Antony Flew）尋思是否存有「我們可直接依循的脈絡，在此脈絡之外，我們必須放棄使用」「懲處」一詞。[11]「但當懲處涉及無辜者或不法懲處時，就不再只是懲處了嗎？」他自問。這個問題當然是合理的。以方才闡述的觀察報告為基礎，並明確結合無辜和非法兩項特性，我們還是可以加以逆轉，並更確切地自問，當不再符合事實時，該詞語自身的定義是否不值得再進行討論。確切而言，無辜者的懲處和不法懲處是否不屬於一般形式的懲處？消除不合理或不合法的狀況，想讓懲罰的行為變得純正，即使在在都顯示這些社會在超出其道德範圍的原則時也絕不會停止懲罰，法律也不再以現象的理想性來取代現實，這是否會讓後者在同時間消失？實際上，這並非憤世嫉俗的展現，而是在形容它確實的狀況，而非應該的狀況。再度提出「標準情況」的五項標準在這時成了啟發性和策略性的手段。

哈特的第二個和第三個標準似乎在乍看之下更顯而易見：懲處應用在當（法律）規則被違反，而且涉及犯下（或被懷疑犯下）該行為的人。然而，我們會發現在某些情況下，這兩項原則是行不通的：隨機的懲罰；為了移交給檢察官而捏造的輕罪。正如同這在警界很常見，在其他機構也存有同樣的做法。從學校開始，當學生犯下錯誤卻不自首或沒有被揭露時，集體制裁並不少見。但這在戰爭的背景下會以更悲劇的手法展現，就如同無數的國際衝突事件一樣。對現代來說，以色列政府經常成為國際譴責的對象，就因為其對巴勒斯坦施以集體懲處的一貫做法：毀壞恐怖攻擊嫌犯家人的房子；在受到襲擊後取消幾萬人的交通許可；對形成抗議的地區噴灑臭水；在所謂的「保護邊緣」

（ordure protectrice）行動（亦稱以巴衝突）時對市民人口的轟炸於二〇一四年造成超過兩千人的死亡，其中包含許多女性和孩童。[12]儘管這些懲罰行動被聯合國組織形容為報復行為，人權組織也如此宣稱，但以色列當局始終闡述這些行動是合理的懲處，換句話說，即使是以法律哲學的用詞來形容也既是公平的償報，並是有效的威嚇。[13]這就是說，有許多關於誰具資格行使懲罰的問題始終是道德和政治的挑戰。

再說，刑罰制度本身並沒有受到懲罰範圍限制的干擾，監獄中有無數的人在等候訴訟或判決上訴便可作為證明。在美國，每年被關進看守所裡的一千兩百萬人中，有六二%的人為刑事被告，而將他們維持拘留最關鍵的因素是經濟狀況。在法國，刑事被告在所有被拘押者中占二九%，但其中的四三%是在看守所中受到短期監禁。[14]若我們認真看待這樣的口號：被控訴者在證實其有罪之前，應視其無罪，那麼我們必須承認刑事被告不應受到懲罰性對待。然而，儘管這並非正式的懲處，卻被視為是預防性措施，一位法國的典獄長向我指出這種奇怪的現象：刑事被告被監禁在條件比犯人更嚴峻的地方，即被關在擁擠的單人牢房中。他們不常出去，一天只出去兩次，一次一小時，而服刑超過兩年者則享有個人的單人牢房，而且經常能夠更為自由地在監獄機構裡走動；再說，他們暴露在暴力下的機率更高，他們可以取得的職位較有限，他們在機構內的特權較少；此外，他們在監禁期間的自殺率更幾乎高出三倍。而在監獄世界裡還存有犯罪與懲處之間更驚人的分離現象，尤其是拒絕重審遭誤判的無辜者，以及未受到指控的無限期拘留。在美國已有各種案例報告的第一種情況中，人們用特殊的法律論據來反對案件重審，讓犯人服刑很長的時間，甚至成為死刑犯。[15]在第二種情況中，在英國或澳洲，人們創建了**專門**的立法和政府機構，無須經過審判，甚至是控訴，便能無限期地監禁非法居留和要求政治庇護的外國人，在關塔那摩灣（Guantanamo）或以色列則是用來對付政治犯和所謂的敵軍。[16]因此，沒有犯罪或缺乏犯罪證明也不保證不會受到懲處。

哈特的第四和第五個標準與刑罰的管理有關，即負責人與其依據的職權。

一方面，實際上就定義來說，罪犯不能自行懲罰。但我們又怎麼知道，當涉及違法者，而且往往是已經受到監禁的對象時，自殺或自殘的意義為何？在這些情況下，他／她對自己造成的傷害會很難以詮釋：他／她是要求助、抗議無法忍受的情況、逃避可能會受到的虐待或折磨，或更確切地說，因為自己的犯行而自我折磨？這個主題在法國格外敏感，因為法國監獄中的自殺率為歐洲最高。其中，蓄意殺人者結束自己生命的比率是所有犯人的三倍以上，這可能讓人認為罪惡感在他們的行為中扮演著重要的角色。[17]另一方面，和該定義的假設相反，權力機構仰賴用來懲罰的手段已遠遠超出單純的法定規範。儘管國家原則上獨攬了司法的行使權，但實際上國家會面臨其他要求親自伸張正義者，或更確切地說，自行執法的參與者。在這方面最能說明問題的現象就是我們所稱的「私刑」（vigilantisme，源自西班牙的詞彙）的發展。這包括各種分歧的動員行動，從過去的三K黨（Ku Klux Klan）到今日美國駐守墨西哥邊界的民兵計畫（Minuteman Project），從薩爾瓦多的黑影暗殺部隊（Sombra Negra du Salvador），到南非的人民反強盜和毒品組織（People against Gangsterism and Drugs）。除了意識型態和策略上的不同，這些民眾運動一致認為官方機構無法面對秩序和安全的問題，因此參與這些活動來確保情況得以掌控，而且往往會親自懲罰他們逮捕的嫌犯。儘管這些自衛和自行執法的團體並不隸屬於法律，但他們往往和國家維持著曖昧的關係，尤其是和警方。[18] 因此很難將違法者以外的人所施行的懲處和法定機構的投入視為懲罰行為資格的必要元素。

因此，哈特的定義只剩下一個標準——施加痛苦——或至少是施以某種程度的不快。這也是懲罰行為一般採用的意涵，而涂爾幹也明白表示：[19]「有人會告訴我們，我們不會為了讓罪犯受苦，就讓他受苦；而且我們確實也認為他受苦是合理的。」此外，懲處和受苦在語意上的相似之處就相當於犯罪和受苦在刑罰上的意義：這是因為懲罰就意味著讓人受苦，哲學家、法學家、立法者和法官用這樣的概念來確立犯行和強制受苦之間精細的對應，相反地，這是因為對犯行的贖罪讓某種程度的受苦成為必要，所以懲罰只能意味著讓人受苦。

這循環式的推理似乎是如此地理所當然，這些等價的對比不再受到質疑。然而，哈特在其文本中強烈提醒將這樣的等價比較視為理所當然的風險。他個人要求他的讀者不要被困在他「標準情況」的定義中，他向讀者指出停留在「**定義中斷**」（definitional stop）的首要危險，即「讓我們無法檢視現代懷疑主義最常提出討論的事：在刑罰系統中我們偏好的合理與道德法規讓痛苦的措施必須應用在違法者身上」。堅守於一種懲處的定義，接受和受苦結合的首要主張，這就是放棄了一切創始評論的可能性。[20]為了跨越這樣的障礙，應從此開始用另一個問題來完整回答「懲罰是什麼？」這個問題，即：我們對懲罰的概念從何而來？

×××

在《論道德的系譜》（*La Généalogie de la morale*）的第二篇論文中，尼采或許是第一位重新提出懲處如同施以痛苦的證據來加以討論的作者：「這如此根深蒂固的首要概念，這今日或許堅不可摧的概念，是從何處獲取它相當於損害和痛苦的權力？」他自問。[21]而他的回答並不令人意外：「債權人與債務人之間的契約關係似乎會立即存有『權利主體』，而這樣的關係則可追溯至購買、販售、交換和交易的原始形式。」這名哲學家從德文的解讀中發現關鍵，因為「『**錯誤**』（Schuld）的基本道德概念源自『**債務**』（Schulden）這非常物質的概念」。但這最初的概念是如何建立的？「債務人為了增加對其還債諾言的信心，為了做出可靠的保證，維持其諾言的神聖性，為了以責任、義務的形式將還債的必要性銘刻在其意識中，他透過契約向債主保證，在他無法償還的情況下，可以他還『擁有』、他還有能力支配的東西來補償，例如他的身體、他的妻子、他的自由，甚至是他的生命」，而就債主的角度來說，「他特別能夠以各種方式毀損和折磨債務人的身體，例如似乎會依債務的比例切下他部分的身體」。多麼驚人的歸還制度。

在閱讀這些字句時，我們當然會想到莎士比亞喜劇《威尼斯商人》（*Marchand de Venise*）中的夏洛克（Shylock），這名放高利貸的猶太人不同意借一筆錢給他生意上的對手安東尼奧（Antonio），除非後者承諾，如果他無法在某個日期之前還錢，就要讓他從他身上徵收「半公斤的肉」。和我們記憶中的一樣，這名債務人無法支付其債主要求的欠款，因此被要求合理地執行這殘酷的規定。這名債主想起他從借款人身上所遭受的辱罵、戲弄和屈辱，他用以下的問題做出他著名的長篇人道主義結論：[22]「如果您傷害了我們，我們不應當報仇嗎？」在這部劇作中，債務的清償因而成了對於傷害的復仇。這正是尼采提出質疑的地方。為何無力清償債務的懲罰會涉及對人施加痛苦？為何人們甚至會確立這兩者之間具有等價的關係？在擴大這明顯直觀的談話時，我建議就債務和懲處之間的系譜關係提供趨於一致的三重經驗元素：文獻學、民族學和歷史學。

「懲罰」（punir）這個動詞來自拉丁文的punire或poenire，「懲處」

（châtier）、「報復」（venger）本身也衍生自poena，而poena一詞則是來自希臘文的poinē（ποινη）。埃米爾・班韋文斯特（Emile Benveniste）在其印歐機構的研究中，多次提出這個詞意味著「為了彌補犯罪所必須償還的債」、「用來補償殺人的報復」。[23]他表示這涉及「要求為重罪付出代價」、「獲取對不法行為的彌補」，並使用「賠償」或甚至是「贖罪」等字眼，皆指出可能是「恨的情感轉移，並被視為是報應的報復」。這就是我們從古典拉丁文的poena一詞中看出的交換意涵，這個詞的第一個意思是「用來彌補殺人的代價」，並進而延伸為「補償、贖罪、復仇、懲罰、懲處、刑罰」。[24]只是在後來的晚期拉丁文中，這一詞有了悲傷的意涵，因為它被用於「折磨、受苦」的意義中。此外，我們會發現法文中的「刑罰」（peine）一詞，承襲了這曖昧不清的語意——懲罰和受苦——而英文則是用**penalty**（**刑罰**）和**pain**（**痛苦**）兩個詞來區分兩種意思。

「償還」（rétribuer）這個動詞也遵循類似的演變。它來自拉丁文的

retribuere，「交換」、「回報」、「還債」，帶有酬報和懲罰的雙重意義。[25]這一詞起初具有中性的價值，可意味著額外的報酬，或是為了回應好壞行為所做出的處分，而到了文藝復興時期，它開始具備特殊的道德涵義，但奇怪的是，它在法文和英文的意義截然不同：前者基本上是正面意涵，後者主要為負面。在宗教用語中，法文在加爾文主義的影響下，rétribution（報酬）和勞務的合理酬勞有關，而在英文裡則因聖經字面上的解讀而和最後的審判及神的憤怒有關。不論如何，今日法文的rétribution意味著我們從工作上賺取的收入，或是神學背景下的酬勞，而英文的rebribution主要反映的是因遭受損害而施以懲罰的概念，以及在哲學文本中反映了應受懲處的理論。

這粗淺的語言習題顯示出驚人的語義發展。原本衍生出懲處詞彙來源指的是債務和歸還之間的關係：對應受指責行為的彌補，往往是指犯罪（poena），並以盡義務或額外報酬的方式來支付（retribuere）。因此，這些詞彙所屬的語義脈絡首重的就是交換。它們可能帶有憤怒或怨恨等情感上的特殊意涵，而非道德上的意義。會從poena聯想到受苦似乎是從西元一世紀開始，而法文rétribution的報酬和英文rebribution的懲罰概念則是從文藝復興時代開始出現在宗教的詞彙中。悲傷和道德層面就此結合，讓懲處成為因罪行而強制施行的折磨。於是，在犯錯、合理刑罰和應受折磨的語言中形成了新的語義網絡。懲處屬於應償還債務的範疇；它成了一種施加的痛苦。

關於這過去債務協調的生活方式，民族學提供了許多例子。例如：美國人類學家卡萊爾沃・奧博格（Kalervo Oberg）在他一九三〇年代初期關於阿拉斯加特領吉族印第安人（Tlingit）（一支重要的氏族）的研究中，他就「犯罪與懲處」寫了以下這段話：[26]「理論上針對個人的犯罪是不存在的。」由於每支氏族都具有結構嚴密的等級，「如果一個低階的人殺了一個另一氏族的高階者，殺人者往往會被釋放，而另一個身分較高的同類會代替他而死」，但相反地，「如果受害者證實是較低階且威望低者，財物的支付便能滿足受損害的氏族」。換句話說，對犯罪的制裁可能是氏族一位成員的死亡，或是對死者家族的賠償，屬於交換的邏輯。整套複雜的規則規定了對各種違法行為的處置，因此可展示並重現社會秩序。關於懲處這項表述行為的作用取決於動作行為者和制裁執行之間的分離。其作用在於氏族間人民與財產流通的過程，而非個人的責任落實。對道德規範和社會秩序的違反創造出團體必須償還的債務，而非個人必須付出代價的錯誤。

對這類型的社會來說，我們不難想像殖民會為其交換和受苦的邏輯帶來激烈的交鋒。人類學家里奧波．波帕瑟奧（Leopold Pospisil）調查巴布亞紐幾內亞卡匏庫人（Kapauku）的法律系統三十餘年，他對從一九五〇年代開始的痛苦轉換進行分析，也就是他們所稱的「原始法律」和「文明法律」之間的轉換，一方面是原住民所有的法規和制裁，另一方面則是先後由荷蘭人和印尼人制定的司法鎮壓體系。[27]在殖民前較占優勢的制度中，卡匏庫人「認為個人的自由是他們最珍貴的財產」：個人自由是一種「生存的條件」。因此在犯下違法行為時，絕不能奪走任何人的自由。大多數時候，「支付損失和賠款」就足以補償對規則的違反，即使是在殺人的情況下。只有在無法履行這項義務時，才能以其他形式的懲罰，尤其是身體上的懲罰，作為最後的手段。殖民者的到來引進了刑罰和監獄機關。然而，對卡鉋庫人來說，監禁是不可思議也無法容忍的，和他們的人生哲學完全相反。被奪走了他們最為珍視的東西，犯人們索性放任自己死去。人民對這些不人道的做法感到憤慨，立刻群起反抗。這樣的抗議行動受到荷蘭移民的血腥鎮壓。十年後，新的暴動達成了暫時的妥協，只是這次是和印尼當局。這些動亂就這樣證實了，在以財產交換來清償債務的正義，以及以施加痛苦來懲罰犯錯的正義之間，這樣的緊張關係可能會變得更加清晰。

儘管如此，某些社會結合這兩種模式，而且仍延續這樣的制度。在伊斯蘭教的法規中，只要不是對神明犯下的罪行，可依循報應或修復邏輯進行處置。依據《古蘭經》的規定，對殺人的制裁實際上可能有兩種形式。qisas對應的是以牙還牙的法則，殺人需要以死來償還。diyya則提供經濟補償的替代方案，以受害者家屬能接受為原則。這就是我們常說的：血債血償，金額取決於受害者的性別及宗教，並由法官決定。《古蘭經》甚至建議，當殺人者的家庭沒有能力支付這個金額時，就要出於仁慈的精神予以放棄，並因此原諒對方。這項做法在今日採用伊斯蘭教法的大多數穆斯林國家裡仍繼續存在，但也能和刑法系統並存。例如在革命後的伊朗，司法機關同時將蓄意殺人的情況視為私人糾紛，家屬可選擇復仇或賠償，也是公眾事務，檢察官可請求判處監禁的刑罰。[28]就這樣在修補和懲處之間發展出複雜的關係。

對西方世界來說，這段歷史顯示債務和懲罰在古代具有曖昧不明的關係。古典歷史學家莫塞斯．芬利（Moses Finley）在他關於債務束縛的開創性文章的開端中，轉述一段神話的敘述：[29]「在希臘的德爾菲（Delphes），神對海克力斯（Héraclès）說，他所受的病痛之苦是背叛且殺害伊菲托斯（Iphitus）的懲罰，他必須賣身為奴至一定的年數，並將收入所得交給其家人才能痊癒。他就這樣被賣給呂底亞（Lydie）女王歐斐利（Omphale），以他的勞務來服刑。」

在此，犯罪受到神明的懲罰，並強制其行為者受苦，但他的贖罪是在人類世界裡進行補償：奴役工作所得的酬勞讓殺人者可以對死者家屬償還他的債務。懲處（神）和賠償（人）之間是分裂的，可互相抵消。因此，這和債務大有關係，而神是中介者。在作者所稱的「古老且原始的社會」裡，諸如此類的債務充斥在廣泛人類活動的紀錄中，可源自「暴力行為，例如殺人」，亦能是「無償的行為，例如禮物或其他提供的服務」。若僅限於最單純的情況：借錢或食物，在無法償還時，會以提供無酬勞務的形式補償，但債務人也能將自己的妻子、小孩或他自己交由對方處置：就如同尼采所理解的，這就是擔保的意義，債權人會將這樣的擔保納入最初的出借協議中。這樣的制度具有相當可觀的人口和經濟影響力，尤其是在西元後前幾世紀的希臘和羅馬，讓富有的家庭得以確保有強制性且免費的勞力可供使用，而且往往是無限期的。

在這特殊的債務奴役情況中，就懲處的系譜學觀點來看，有兩項主要的元素值得留意。一方面，犯罪屬於法律或經濟性質的整體行為，不論是具正面或負面的價值，包含殺人以及借貸，其一般的特性為引發個人對另一個人的責任義務。另一方面，用來審核約定債務的社會慣例較注重財產和人的流通與占有，奴役是最極端的形式。這並不是在暗示復仇並不存在，以及殺人未必要用暴行來償還，而是例如羅馬共和國在缺乏刑事司法制度的情況下，這些行為屬於私人領域，而非道德判斷，而且會引發情緒上的反彈。[30]然而，規則並不總是如此，最常見的情況是，一個人的死需要以另一種較實際也較和平的方式來付出代價。

因此，問題在於要了解如何及或許為何西方社會會從修復的邏輯進入懲罰的邏輯，從債務的情感協調進入懲處的道德協調。關於這個問題，格奧爾格·齊美爾（Georg Simmel）在他的《貨幣哲學》（*Philosophie de l'argent*）中做了出色的分析。[31]他的關注在於歷史上人們會找到對應人類生活貨幣的物品，他因而檢視了以經濟補償殺人的方式，也就是所謂的賠償金，而盎格魯撒克遜英格蘭和中世紀佛羅倫斯對其定義的法律背景也有所不同。在這樣的基礎上，這兩個重要的時期可區分為：前者對罪行的贖罪方式，就像是「對造成損害的修復」；而後者的贖罪成了「真正意義上的懲罰」，必須強制受苦。這從一種方式進入另一種方式的轉變，取決於兩項事實，一是政治，另一則是社會學。一方面，因犯罪而產生的爭執不再由個人之間直接解決，而是由國家，尤其是教會的代理人間接處置。在能直接解決的情況下，被害人或許透過物質上的修補就能得到滿足；而在由國家或教會處置的情況下，若違反一般法律或道德原則，贖罪就是對觸犯法律者施以刑罰。另一方面，日益增長的社會經濟差異讓合法的制裁機構變得越來越具爭議，因為其鎖定的不再只是補償所遭受的損失，而是犯下的罪行，而且必須考慮讓犯罪者受到相應的痛苦，因為富人可能完全不會受到支付罰款的影響，即使這筆金額十分龐大。隨著犯罪行為越來越具有普遍性的意義，以及其造成的社會混亂的解決焦點從受害人轉向犯罪者，補償，尤其是經濟賠償，就變得越來越不重要了。

這個方向和七十五年後傅柯在其法蘭西學院（Collège de France）的第二堂

課採取的方向略有不同。[32]更具體地聚焦於中世紀的刑罰與政治機構之間的關係，他的分析有很大一部分都在講述從日耳曼法走入羅馬法，尤其是刑事領域，以及當中實現的權力利害關係。在日耳曼法中，爭端的解決建立在補償而非復仇上。經濟的調解大過於身體上的懲處。唯一的例外是強暴、亂倫和背叛，會被處以死刑，或更常見的是流放。即使是殺人也有系統化的費率表，讓衝突得以透過支付賠償金的方式解決：「這是戰爭的了結，而非對犯錯的制裁。」羅馬法則隨著教會權力的擴張而樹立威望，並延續了國王的權力，修復的慣例已被贖罪的論調所取代。我們進入犯錯和罪惡的領域，必須以懲罰和苦行贖罪來請求原諒。贖罪的概念從此再也和物資財產無關，而是精神上的財產，赦罪系統則能仰賴以上兩種方式：「中世紀的刑罰慣例描述大概可用以下的問題進行分類：是誰為了什麼贖罪；人們為了什麼要以這樣或那樣的方式贖罪？」然而，這樣的轉變並不只是意味著「上層結構」的地位，也就是司法和宗教的地位。它更帶有經濟和政治上的意涵，透過多種形式的罰金、使用費、充公和收購，助長了裁判權之間的角力，有利於王權的鞏固，並讓天主教機構變得富有：「這樣的轉變非常直接地屬於占有關係和權力關係的遊戲規則。」最後，中世紀的刑罰系統的作用較不是透過對犯錯的道德觀和對罪惡的神學概念來向人民進行意識型態的控制，而是用來促進財富的流通和權力的集中。

因此，儘管傅柯比他願意承認的還要更馬克斯主義，他主要是以刑罰機構的政經角度來詮釋中世紀所發生的轉變，而我認為以懲處的道義經濟*觀點來理解也同樣重要，也就是說，透過這種方式，價值和情感圍繞著犯罪以及社會提供的回應而展開並凝聚。因此，為了理解債務邏輯的轉變，尼采的系譜學所涵蓋的時間絕對比其發揮作用的時間更長，這就是它一直以來都勝過犯錯的邏輯，並逐漸在西方社會扎根的原因，而這主要是受到基督教的影響。在中世紀，「法官坐在十字架下方，」薇洛希・杜黑耶（Valérie Toureille）回想，並補充，「然而，法官卻相信理性和正義的應用。」[33]在這從修復至懲罰的轉變中，痛苦占據著關鍵的位置。它可以用來為犯下的錯誤贖罪：讓人受苦，那也必須接受自己的受苦。[34]對受苦的狂熱超越了復仇的欲望，更何況懲處從此是透過假定和司法機關一樣中立的中介機構進行。這反映在無所不在的基督受難藝術品中，基督為了拯救人類而死在十字架上，為了原罪贖罪，殉道者的痛苦透過他們為信仰的犧牲而證實，因而也證實了上帝的存在。懲處的痛苦有益論**實際上屬於救贖論，即唯有施加刑罰才能隱約感覺到贖罪和得救。

此外，痛苦的價值已經超過了懲罰的範圍。中世紀時，不需要犯罪就會有人讓自己處於受苦狀態，或是親自對自己施加痛苦。懺悔、苦行，甚至是鞭笞，成為基督徒慣例的一部分，尤其是修士和修女。隱修因而被視為痛苦的考

* 經濟人類學的概念，指傳統社會的農村經濟模式，農民追求的不只是個人利益最大化，也會受到道德準則和價值觀所驅使而遵從「互惠性」原則，以確保村民的最低生活標準。

** 痛苦有益論，一種認為痛苦有益於美德、美學和智力的學說。

驗，能夠忍受的人就有資格得到幸福的極樂。馬爾席尼（Marcigny）隱修院修士、克呂尼（Cluny）修道院院長可敬者彼得（Pierre Le Vénérable）在一一三五年左右如此寫道：[35]「修士進行這有益的隱修，可以說自己埋身在這快活的墳墓中，以這樣的隱修代替目前的監獄，可望獲得永恆的解脫，並用來取代墓地，可望獲得幸福的重生。」我們可以想像中世紀史學家在比較carcer和claustrum——即監獄和隱修院——之間的相關性，前者在十八世紀之前鮮少用於懲罰性的目的，而後者反而是從第一個千禧年末期開始快速擴張。這樣的對照在長時間共存後顯得更加有趣，兩種機構在某種程度上是重疊的，甚至可以互相取代。法國在一七八九年將修道院和隱修院改為國家財產後，會用來監禁觸犯普通法的罪犯。在法國大革命之前便開始的修道院沒落因此稍微早於監獄機構的來臨，而後者則是因革命思想而誕生。在這段故事中很諷刺的是：幾乎要廢棄的宗教監禁場所因此而重獲新生，只是這一次是作為監獄的禁閉場所。一八六〇年代，法國有一半的重要中央機關都是舊制度所遺留下來的產業。

此外，監獄的誕生一直呈現出懲處人道化的跡象和產物。啟蒙時代的理想，義大利法學家切薩雷・貝卡里亞（Cesare Beccaria）的刑罰改良主義，約翰・霍華（John Howard）的仁慈行動主義，以及傑瑞米・邊沁（Jeremy Bentham）的建築烏托邦在監獄體制中實現，取代了出於道德矯正的體罰、出於教育的執法，以及出於紀律的暴行。在該政策的推動上，沒有地方比得過美國，美國自一八二〇年開始便在海岸邊創立了苦役監獄——這一詞當然透露出基督教的影響。大衛・羅斯曼（David Rothman）特別指出，當時有兩派進行激烈的爭論，一派反對這種模式，即紐約州奧本（Auburn）監獄的**集體監禁**（congregate），犯人晚上單獨監禁，但白天則一起安靜地工作和用餐；而另一派捍衛這種模式，即賓夕法尼亞州（Pennsylvanie）的**單獨監禁**（separate），以費城（Philadelphie）監獄為代表，那裡的犯人永遠被關在自己的單人囚室裡，和其他犯人完全不接觸，兩種方案的精神所潛藏的相似性不言而喻。[36] 兩者都是以監禁的體驗來取代鞭打的灼熱感，以心理的受苦來取代身體上的痛苦，以有益的勞動來取代有害的游手好閒，以有益的獨處來取代危險的雜處。就這樣處於想要懲罰和希望修正的協調中。一八三一年，法國政府派古斯塔夫・博蒙（Gustave de Beaumont）和亞烈斯・托克維（Alexis de Tocqueville）至美國學習其監獄系統，這兩人從他們的任務征途返國後，撰寫了一份慷慨激昂的報告。十年後，換查爾斯・狄更斯（Charles Dickens）去旅行時，他認為犯人所忍受的精神痛苦比身體上的折磨更可怕。事實上，如同探討「刑罰奴役」制度發展的蕾貝卡・麥雷儂（Rebecca McLennan）所指出的，這兩種監獄之間的重大差異在於奧本制度對囚犯施行大量的勞力剝削，賓夕法尼亞州則從未採用這種做法。[37]紐約模式的成功讓這種制度蓬勃發展，並擴散至各個地區，而其過去位於紐約南方的對手（指費城監獄）則未能普及開來。這獨特的結合，一邊是設計者的基督教精神和閃耀著光輝的博愛精神，一邊是操作者講求實際的現實主義和製造業的資本主義，就這樣延續至十九世紀末，這時進步主義的潮流帶來了較符合現代民主的監獄觀點。

方才概述的系譜學為懲處最少討論、甚至是最少思考的部分提供了一種觀點，即施加痛苦，我們已經看到這是懲處當中一個堅固的核心——傳統理論中唯一經得起經驗考驗的元素。這從債務的情感經濟（即復仇的情感最常被導向修復和補償的機制），進入懲處的道義經濟（犯罪需要對罪犯進行處罰，讓罪犯贖罪）的大幅度轉變是重要的事實，讓人思考受苦在懲罰行為中的重要性。必須強調的是，這樣的分析和涂爾幹的論點截然不同，後者反倒是從機械連帶*走向有機連帶**的社會演變中，看到建立在鎮壓之上的司法體制（其中的制裁「主要是痛苦，或至少是削弱犯罪者」）轉變成建立在修復之上的司法體制

＊　傳統社會中各成員重視親屬關係，社會價值和行動一致具同質性，所以社會對個人束縛大，分工簡單是主要特色。

＊＊　在現代社會分工複雜的情況下，成員具異質性，個人主義只有在有機連帶承認個別差異、鼓勵個別性發展的條件下，才可能存在。

（其中的目的是「讓事物恢復原狀，讓混亂的關係回復到正常狀態」）。[38] 按照這樣的詮釋，社會分工越是明確，修復法越能戰勝鎮壓法。事實上，自馬林諾斯基以來的人類學研究，以及齊美爾之後的歷史研究方法，都顯示修復對二十世紀初的初步蘭人及第一個千禧年下半的盎格魯撒克遜人來說同等重要。而無須補充說明的是，相反地，現代世界還遠遠無法以鎮壓的方式來完成修復，監獄人口到達前所未有的新高度。

因此，在社會變得對我們來說幾乎很陌生時，系譜學的工作得以在違反社會規範和法律時找出回應的方式——除了受害者賠償的可能形式——如同違法的贖罪般，痛苦有益的典範和痛苦的強制施行理所當然成為必要。然而，白中世紀以來，許多事物都改變了。懲處的道義經濟遭遇重大轉變，尤其是受到（宗教）授職世俗化的影響。它免除了道義經濟，並建立在權力的世俗化之上。儘管如此，其意識型態的架構依然存在。和「目前刑法的演變是在反對教會及其神學下形成」的輿論相反，保羅．呂格爾（Paul Ricoeur）表示「目前表面上看似反宗教的刑罰趨勢，或許是重新發現懺悔和懲罰的另一種意義」。[39]他特別舉例說明，以違法取代罪惡，以修正取代贖罪，他從中看到一種愉快的演變，表示他所捍衛的真正基督教價值回歸。不論我們是否贊同他的規範性立場，不論我們是否會和他一樣因為重拾懺悔而感到高興，但這仍促使我們對刑罰體制中的宗教遺產進行重要的省思，以批判性的觀點來看，這值得重新省思。

實際上，法國哲學家克勞德・勒福（Claude Lefort）也反對西方現代化以政教分離為特色的概念，而提出「政治神學的恆常」分析，人們可用來反對世俗司法機構和世俗刑法的觀念，並捍衛司法仍有神學遺留的論點。[40]而且就如同他對政治機構所做的分析一樣，我們可用「法律」來取代「政治」，並以「刑罰機制」來取代「政治秩序」，以下的引文對基督教在法律機制中留下的痕跡提出質疑：「我們是否可以說，宗教只是讓位給政治，而不自問其過去在政治秩序中的投入意味著什麼？或是不該假設這樣的投入是如此深入，以致變得連判定其影響力式微的人都難以辨識？」這對「社會生活隱密面」的探索普遍受到忽視或否定，但卻可以用來思考刑罰神學，並用同樣方式去理解政治神學。這項探索計畫是為了掌握宗教在現代刑罰學中的多種表達。

在這樣的觀點中並以概略的系譜學角度為出發，似乎有三大因素特別相關：刑罰的專業化，透過罪惡將犯罪的個人特色加以延伸（不同於過去債務的集體邏輯概念）；施加痛苦，源自基督的痛苦有益主義和殉道背景（不同於損害的物質賠償）；道德改革的言論，用有益的贖罪和神學重新建立連結（不同於財產和人力流通架構的修復概念）。這三大因素提供了相關的脈絡。這些因素顯然並沒有說明時間上的差異、順應政治和法律的變化，以及有時在空間上可觀的對比，從一個國家到另一個國家，甚至是從一座城市到另一座城市。當然有對立的運動存在，例如「新刑罰學」的發展，在某種程度上以對人民和或然性，而非對個人和犯罪的論述，企圖挫挫刑罰的銳氣，並精進相關技術。新刑罰學對於讓人受刑罰之苦的法律依據漠不關心，較著重機構及其人員的管理方式，最後則是認為其目的並不是在於刑法改革，而是減少犯罪。[41]因此，這些經常公開表明的改變浪潮無須遮掩這永恆的劇烈動蕩，因為這些動蕩太常受到忽略。就這個角度來看，懲處系譜學及連帶引發思考的刑罰神學是批判性的工具，可用來思考連續性和中斷——以及或許甚至是未來的潛在可能。

×××

假如在這漫長的緩慢演變之後，我們再最後一次回到哈特所下的定義，我們因而可以觀察懲處能否制裁違法行為，能否對犯下違法行為者造成影響，是否能由犯人以外的人進行管理，是否能由法律授權的有關當局強制實行。應用來限定懲罰規範範圍的標準顯得如此脆弱，再說，就如同其作者本身所暗示的，這表示在**從理論上**為這個「懲處是什麼」的問題提供決定性的回答，在理智上是多麼地危險，在政治上又會造成多大的問題。但我們不應用這樣的評判來嚇阻研究者或市民。相反地，規範性角度和批判性角度之間的緊繃，就分析的觀點而言是具有啟發性的，就行動的觀點而言是具有建設性的。實際上，這促使我們更能嚴苛地對照應該的狀況和實際的狀況，更能互相質疑——而不只是肯定前者和描述後者。

最初的定義最終只剩下一個標準：施加痛苦。此外，系譜學的調查顯示這並不總是構成違反社會法規的回應，而且它源自基督教影響的刑罰教化。因此，這樣的結論需要一個新的問題：如何將施加這樣的痛苦合理化？換句話說：為何要懲罰？

CHAPITRE 2

第二章

為何要懲罰？

POURQUOI PUNIT-ON ?

法學理論認為懲處的定義和合理化之間最初的區別也很重要，前者作為先決條件，我們認為就價值的觀點而言為中性，而後者則代表實質的部分，和前者相反的是必須仰賴判斷。在從道德上為其存在的理由提出論據之前，我們必須要知道的是，我們所談論的，以及包括哈特等哲學家和法學家所觀察到的，並非完全不正確，但將兩個問題混為一談將會帶來有害的影響。但願知識性任務的劃分能夠如此輕鬆，我甚至但願這樣的劃分是有可能的，然而某些人可能會存疑，而且在敘述懲處為何物時，我們也能對其操作的中立性提出疑問。[1]

大部分的定義涉及對違法者施加痛苦，這已經意味著一種不言明的證明形式，即這樣的痛苦是必要的。如果情況是這樣，那這樣的證明是什麼？

如同美國政治哲學家約翰・羅爾斯（John Rawls）所指出的：[2]「問題並不在於人們對懲處是否可以合理化這個問題上的分歧。大多數人認為，只要能避免某些濫權的現象，這還算是可以接受的機制。完全反對的人很少，令人訝異的是，他們擔心有一天這些懲罰也會落到自己頭上。困難在於懲處的合理化：道德哲學家提出各種論據，但沒有一種獲得普遍的贊同。」因此，目前的共識是認為懲罰是合理的。但當提到要如何去證明，事情就會變得複雜。在此重要的是要區分「為何」這個問題的兩種意義。這個問題可從規範性意義（為何應該懲罰？）或描述性意義（為何我們要懲罰犯罪行為？）來理解。在前一種情況下，這是理論上的證明，通常是由哲學家或法學家以**先驗**的方式證明。在後者的情況下，這是經驗上的證明，以**後天**歸納的方式提出，由警察自身提出時可能是主觀的，由社會學家或人類學家提出時可能是客觀的。儘管規範性和描述性、主觀與客觀，以及證明和說明之間的界線從來就不是完全那麼明確，在我最初提出的論據中，我用不同的標準方法將懲處合理化，接下來，建立在問題案例研究上的特殊法規研究法觀點又反駁並充實了這些證明。

×××

在哲學和法學思想中有兩種證明理論占上風。一是功利主義，認為唯一要考量的是以社會福利觀點來看可能會受到懲處的結果。另一個則是報復性理論，認為唯一要研究的是犯行，懲處就是對犯行的合理懲罰。前者聚焦於減少犯罪，主要是為了展望未來。後者專注於對罪行的贖罪，主要著重的是過去已發生的事。在進步主義的主張蓬勃發展時，功利主義往往對知識界和公共空間帶來決定性影響。而當保守和反動思想在概念辯論中占上風的時期，報復主義往往成為絕對必要的機制。在近幾十年裡，兩者彼此消長。

功利主義又稱結果主義：普遍原則和個別行為會依其可預見的影響進行評判。這些原則和這些行為的一般目的是為世界增加幸福。只有在具備這目標的特性——尤其是關於法律和刑法的特性——時才會有效。對傑瑞米．邊沁——一七八〇年首位將這種方法理論化的人——來說，「這種懲罰本身就是一種罪惡」，因為它造成痛苦，而且如果我們求助於它，只能在「它讓我們避免造成更大罪惡的範圍內」。[3] 再說，也沒有更經濟實惠的方法能達到類似的效果。依據這名英國哲學家所見，制裁因而在沒有依據、必要性、效力、利益，或顯然過於昂貴的情況下是無法被合理化的。懲處主要的直接目的是為了預防犯罪行為，這和犯下罪行的人有關，也和整個群體的人有關。這個預防措施可以三種方式進行：干涉違法者的意願（「改造」）；作用在其行動能力上（「防止」）；最後是對他人帶來有利的影響（「範例」）。當然也存有「某種因懲處而帶來的附加結果」，即透過傷害的部分來獲取樂趣或滿足感，但這無論如何都不能用來將施加痛苦的行為合理化。由此確定的理論很少會隨時間而改變。其現代的版本只是換了一種名稱，運作的邏輯仍然和邊沁描述的一樣：矯治、失能和嚇阻。儘管功利主義在理論層面受到質疑，因為可能會為了集體的最大利益而對無辜者判刑，但特別是在經驗的層次上，會發生的都是最大利益的嚇阻。從這時開始，這涉及結果的評估，證實其效力是決定性的。

只要這限制了警察行動的能力，失能在這方面似乎更明顯成為必要。原則上，它可以三種模式運作：將罪犯處決、隔離或監禁。死刑近年來在世界上大幅下降，在聯合國將近兩百個國家裡僅有四十三個國家仍繼續實行死刑；在美國的五十個州裡，有三十四個州仍實行死刑，死刑始終是合法的。過去廣泛對罪犯採用終身流放的政策，最著名的例子是澳洲，英國大不列顛群島送去超過十六萬名犯人，殖民文化因而蓬勃發展；法國的殖民苦役監獄則一直實行至二十世紀中葉。監禁是最普遍的社會隔離形式；今日，全世界的囚犯數量已超過一千萬，其中有將近四分之一在美國，而囚犯人數的增長主要是因為日趨嚴厲的政策和法律程序，讓越來越多的人坐牢，並監禁更長的時間。即使拉長了刑罰，失能也只對拘留的時間造成影響。因此，這對人民來說是有效的嗎？有各種不同的研究讓我們能夠加以質疑。例如：加州在一九八〇至一九九〇年間判決為監禁的案件數量增加，同時間竊盜罪的數量也減少了，這可能會讓人以為兩者之間確實存有相互影響的因果關係。但更深入的研究已證實，減少的主要是由青少年犯下的案件，而青少年犯罪的制裁並沒有變得更嚴厲；反之，成人受到的懲罰加倍，但犯罪行為並未減少。[4]常理表面的邏輯因而顯得誤導人心。

至於嚇阻的部分，這意味著對懲處的恐懼會阻止犯罪行為，它服從長期的運作邏輯，例如我們可以想像中世紀社會公開上演處決並暴露罪犯屍體的場景。這長期以來受到犯罪學家忽略的嚇阻作用又再度獲得關注，而經濟學家也將這融入他們理性參與者的範例中，根據這樣的範例，在行動之前，罪犯應該會衡量他們的行為帶來的利益，並與制裁要付出的代價和被逮捕的可能性相比較。從這樣的理論範例轉換至經驗事實時總是會引發問題，在實務上，我們會以兩種方式來評估嚇阻作用。在個人層面，我們致力於在施以懲處後減少成群的慣犯。例如在法國，一項調查在五年間追蹤了七千名被判入獄的人，以觀察他們的再犯率：這項調查顯示在判刑期間或獄期的最後經刑罰的整治後，再犯的行為較不常見，尤其是在假釋的情況下；此外，這些經由邏輯回歸*所證實的結論，讓我們得以在所有其他條件皆相同的情況下進行估算，包括融入刑罰的過去、輕罪的類型，以及刑罰的時間，有利於避開或縮減拘禁時間（儘管如此，還是有可能考慮計算特殊的理由，讓法官為每名犯人衡量其決定的法律根據）。在集體層面，這次我們考量的是一般人口的犯罪率下降與政治或刑罰實務變化之間的關係。在美國，我們因而對一九九〇年代的殺人和竊盜罪明顯下降的理由提出質疑，同時特別尋思這是否是因為在這十年內警力的增加或是監獄人口倍增的緣故：相較之下，加拿大在同一時間的犯罪率也有類似的演變，但警察人數和囚犯人數在這十年的每一年都有下降趨勢，似乎推翻了這項假設（在美國的情況下，我們也無法排除武力行動和大量監禁的邊際效應）。[5] 基本上，這些經常受到熱烈討論的結果因而推翻了效用最大化的經濟模型，因為較不具強制性的措施和較不屬鎮壓式的政策似乎帶來最佳的結果。

至於矯治，在史上各個時刻作為坐牢的合理理由，尤其是在十九世紀初期的傑克遜苦役監獄和二十世紀中葉的刑罰革新之後，自一九七〇年代開始跨越了漫長的喪失威信期。懲處可以轉化罪犯，讓他們意識到自己的行為，但在**「矯治無效論」**（nothing works）的理論提出之後，關於懲處可以轉化罪犯，讓他們意識到自己的行為，而且經由教育和社會工作的資源安排，可以協助他們再度被社會接納的概念，因被歸咎於無效而被認為不合理。這一詞彙成了位於懲罰轉折點的理論家和政治家的口號，尤其是在英國和美國。然而，最近矯

＊

亦稱對數機率回歸，屬多重變量分析，可用於估計模型中每一個自變數的勝算比，適用於較廣範圍的研究，而非區別分析，是社會學常用的實證分析法。

治又重新找到了支持者，尤其是一系列的統計研究在和傳統的懲罰方式相較下，已證實矯治為犯罪累犯帶來好處。[6]因此，某些人宣稱矯治的概念已死，似乎還太早下定論。

功利主義的證明邏輯因而反映出三種不同的行動領域：失能是身體上的，嚇阻是心理上的，而矯治既是道德上的，也兼具教育和社會意義。儘管這三種邏輯就分析的觀點看似截然不同，然而它們又有部分能互相印證，尤其是在衡量其效力時。所觀察到的犯罪行為減少和監禁人口增加有關，根據我們對這兩者之間關係的想像，這必定會被詮釋為這是監禁將罪犯癱瘓的結果，有些人出於對制裁的恐懼而放棄進行這樣的行為，或是有些人不知道是否因特殊部門的介入而進行了行為的修正？這些調查無法肯定地回答這些問題。但報復主義的支持者不會提出這類問題。實際上，對他們來說，懲處的合理化只建立在犯下的罪行上。

報復主義源自我們所稱的職業道德規範，建立在責任的概念上。這基本上很容易用於觀念的捍衛，因為這不涉及任何對其社會效能的外在評估，而只是對其道德協調的內在衡量。實際上，這表示為了獲得正義，犯下違法行為或是對他人造成損害的人應當受苦。懲處只能從這些字眼中找到其合理化的理由。康德（Kant）已對相關的經典論據加以說明：「司法刑罰從來不能只被視為是實現另一種善的手段，不論是對罪犯本身來說，還是對公民社會來說，被處以刑罰的唯一理由只能是他犯了罪。」根據這衍生自絕對必要的原則，人類絕不能因其他的目的而被視為一種手段來對待。因此，我們不能用社會的更大利益來解釋一個人為何受到懲罰，只能以大家認為他有罪的這項事實來說明，「因為如果正義消失了，人類活在這世上也就失去了價值」。至於實施這迫切需求的具體方式，在犯下的罪行和強制執行的懲處之間要如何權衡輕重，「除了平等原則以外別無他法」。「你對他人施加不當的惡，便是在對自己做一樣的事。如果你侮辱他人，你也是在侮辱你自己；如果你偷盜他人，你也是在偷盜你自己；如果你打別人，你也是在打你自己；如果你殺人，你也是殺害了你自己。」因此，這「以牙還牙的法律」必須占優勢才能應用在「法庭上」，而犯下殺人罪者必須處死。[7]這極端的報復主義版本可追溯至巴比倫和猶太法律的以牙還牙法。如我們所知，部分的古羅馬法已由債務原則所取代，而伊斯蘭法則結合兩種邏輯。

但也有人提出其他版本的報復主義，建立在不同的合理化論據上，並根據犯行而付出代價：歸還被違法者不當獲取的利益、修復對受害人造成的損害、滿足民眾產生的懲罰情感。[8]兩種不同但仍然很接近的版本值得特別關注。第一個論題表明懲處的功能主要是表達性的。根據美國哲學家喬爾·芬伯格（Joel Feinberg）的說法，[9]「懲處是約定俗成的機制，用來表達怨恨和憤慨的態度，以及不贊同和譴責的評斷，不論是來自懲罰的權力機構，還是來自以其名義施加懲罰的人。」因此其意義首先是象徵性的。受苦因而不足以用來呈現懲處的特點。應該還要再加上斥責。從此，合理化辯證不能只是在於單純的罪惡和制裁的等式。它建立在人們依自己的立場想要展現的罪惡和判刑之間的平衡，而這同時取決於其導致的損害，以及犯行的故意程度。「罪犯所受的痛苦未必等同於他所犯下的罪行，對他施以刑罰只是象徵性地支持公開譴責。」第二個論題在某種程度上延續前者，致力於道德的意涵。對珍．漢普頓（Jean Hampton）來說，[10]「應將報復性的回應與行為內在的惡相連。」刑罰必須施行不只是因為受害者遭受到損害，也是因為行為者做出了應受譴責的行為。在第一種情況下，補償便已足夠；在第二種情況下，必須強制執行懲處。再說，應受譴責的行為也構成「對受害者價值或尊嚴的冒犯」。這些「精神上的受傷」尤其是對「個人價值」的攻擊，一般而言則是對「人類尊嚴」的攻擊，往往建立在不平等的成見基礎上。必須受到懲罰的是這些攻擊行為。

這些論題闡述了結合象徵、精神和情感層面的好處，而這些層面呈現出懲罰行為的特性。儘管如此，這些論題描繪出一個我們可以對抗現實原則的理想世界。實際上，公開譴責與所形成的懲處決定並不只是和其性質有關，尤其是其來源的惡，以及其所造成的精神傷害，而是取決於隨著時間演變的權力關係和意義關係。因此，社會中弱勢族群的微小犯行可能會比權貴的重大罪行受到更嚴厲的制裁，其中也包含後者成為受害者的情況，但當前者成為受害者時卻不會有相同的待遇。同樣地，被認為很正常的慣例可能會變成違法行為，而在這之前一直被容忍的違法行為也可能突然間引發制裁，違規類型的制裁可能轉變為監禁的刑罰，而在這三種情況下，相關的事實並沒有改變。

但就如同分析哲學中的慣例，功利主義和報復主義之間的爭論經常有虛構的趨勢，提出極端狀況或奇特兩難狀況的傳聞，若不是用來證明其創始人理論的正確，往往就是用來駁斥想像敵手的理論。[11] 例如在一篇經典的文章中，澳洲哲學家麥高斯基（H. J. McCloskey）對功利主義的論題提出質疑，他假設一名郡長在某件犯行後，決定逮捕他偶然碰見的一名黑人，以「避免一系列的私刑，因為他知道如果不快速找出罪犯的話，就會有人動用私刑」，或是有人在造訪一個剛有白人女性被黑人男性偷竊的地區時，他「推斷自己有做偽證的責任」，以避免種族的騷動，並導致種族的殺害。在這種情況下，功利主義者應會故意讓無辜者被判刑，並辯稱這是為了集體的最大利益。而美國哲學教授格特魯德·埃佐斯基（Gertrude Ezorsky）則指責報復主義的論點，揣測「在一個懲罰罪犯的世界裡，懲罰罪犯並不會帶來任何有益的影響」，也因此不會帶來嚇阻的作用，認為「罪犯即使受過懲罰，還是準備在出獄時再度犯罪」，而「一般人也完全不會因為懲處的威脅而打消犯罪的念頭」；再說，如果發明了一種無痛但要價昂貴的療法可以治癒所有的犯罪傾向，報復主義者也不會採用，這樣才能繼續懲罰罪犯；然而，陪審團並非不會犯錯，最終「無辜者也會受到懲罰」，通常還是會把批評轉回到功利主義者身上。當然，不論是哪一派，在拆解其各自對手的論點時都有很好的主張。

但我們還是無法肯定這些智力上的脣槍舌戰是否能為這複雜且重大的挑戰帶來公平正義。而在堅持進行這兩大主要懲處論據之間的對照，甚至是對各個理論的核心進行爭論時，實際上會引發降低這兩項要素重要性的風險。首先，儘管這兩種合理化證明在概念上看似不相同，但兩種論據實際上是存有相關性的，不論是在理論上，還是經驗上：一方面，許多作者注意到功利主義和報復主義之間有部分重疊，其中還有些作者試圖提出混合的主張，經常被稱為多元論；另一方面，在公共領域的參與者，尤其是政治家，並不重視哲學推理的細微之處，而且如刑罰民粹主義的提倡者，既主張嚇阻有其效力在，也贊同應施以制裁。其次，除了分歧，這些懲處的理論也呈現出兩項共同點，邏輯上來自其規範的特性：一方面，這些理論並不只是分析懲罰行為的理由，也致力於將懲罰行為合理化；另一方面，這些理論並不會讓真實的情況變得混亂，即使是在經常仰賴屬於隱喻和寓言等範例的情況下，因此並未對警察運作的制裁提供合理的說明。

在這方面，尼采有更明確的看法：「現在還無法明確說明我們為何要懲罰。」他如此寫道。並不是因為懲罰最終的原因被掩蓋了起來，反倒是因為有過多的理由可以說明使用這些理由的多種情況。例如：這可能是一種「阻止罪犯損害並繼續造成遺憾」、「隔絕干擾的原因以阻止其蔓延」、「去除墮落的因素」、「煽動恐懼」，或甚至是「製造回憶」的手段；也能是「對罪犯享有利益的補償」、「對造成損害的贖罪」、「對戰敗敵人的侮辱」、「對原始復仇狀態的折衷」、「宣戰」，或「治安措施」等。這混雜的目錄用二元論來解決在功利主義與報復主義之間抉擇的邏輯。但若使用尼采的概念，這較無法顯示出和傳統哲學及司法方法的矛盾，只能顯示出「觀點」上的差異。實際上，隨著《論道德的系譜》，我們不再只是在單純的思想和法律領域，而是在罪惡和懲處的邏輯灰色地帶——在某種程度上是杜斯妥也夫斯基的世界，而非邊沁和康德的世界。

×××

在我們從理論的記載進入經驗的調查時，這是類似的轉移。我會舉三個人類學的例子來說明在路上、在法庭上和在獄中的懲處。

第一個場景。三名青少年在他們留宿的青年法律保護中心附近的小廣場愉快地閒聊和喧鬧。如同其他居住在這兩層樓老舊建築物的未成年人，他們是由兒童法官安置在這間機構裡，原因可能是他們犯下了輕罪，或是被認為有風險。這三名男孩是非洲人。兩名巡邏警察在他們附近停了下來，並詢問他們是否有證件。這樣的身分查驗非常尋常，但基本上是不合法的，因為沒有任何因素讓他們能夠認為當下有任何的違法行為已發生或正在進行，比較能確定的是，這些做法往往是根據種族歧視。這些青少年出示了他們的交通卡，通常在這樣的情況下，這樣已經足夠，因為卡上有照片。然而警察並不因此而滿足，要求他們出示身分證。這些沒帶身分證的男孩們解釋他們就住在幾公尺處的中心，提議要警察陪他們回去拿。但警察無情地拒絕，並表示要帶他們回警局進行澈底的查證。這就是濫權的證明，交通卡原本已經足夠，而且如果警察有疑慮的話，到他們居住的中心一訪也是另一種令人滿意的選擇。因此，當警察準備要逮捕這三名青少年時，其中一名逃脫，跑回他們居住的中心，回到自己的房間取出身分證，然後在治安官的陪同下返回，讓治安官來證明他的真誠。但他卻不如自己預期地受到接納。警察暴力地抓住他，一邊以種族歧視的話高聲辱罵他。一名服務的感化教育女社工因這些叫喊聲而提高警覺，走向這群人。她聽到一名警察不斷以威脅的語氣說：「我要打破你的膝蓋！」而且一邊粗暴對待這名少年，一邊吼叫著：「你這個家庭失敗、念書失敗的小同性戀！」雖然不是毫無困難，但她成功地居中調停，並將這名身心受創的青少年帶回中心。該中心的女主任試圖說服這名少年向治安官提出申訴，並向他說明他應該捍衛自身的權益。這名男孩還因為剛剛遭受攻擊性且侮辱的對待而感到驚慌失措，他小聲地表示反對，說他不打算採取任何行動。顯然他知道，一名居住在未成年人救助中心的黑人青少年在警局面對警察的發言時，他的話幾乎毫無分量，而他的控訴也能被輕易地駁回，變成是對他的侮辱，以及對代表公權力機關警察的反抗，最終他對自身的權益捍衛可能會讓他付出慘痛的代價。

第二個場景。一名三十幾歲的男人站在法國大審法院的被告席裡。這名削瘦的男子在經過二十四小時的拘留後，面容蒼白憔悴，他被控無照駕駛，而且沒有保險。他回家的路上，車子駛離道路，撞上了交通標誌，在他快速離開時，沒有意識到自己的車牌因撞擊而遺留在現場。警察毫不費力就找到了這輛登記在他妻子名下的車，並傳喚這名駕駛出庭，但他並未出現。四個月後，警察在某日早晨來到他的家中要逮捕他，但他已經出門工作。訴訟時，法庭庭長生氣地發現，這並非他第一次捲入法律訴訟。事實上他在近十五年間有十九條犯罪紀錄，最常見的就是類似的違法行為，已經讓他坐牢四次，每次二至四個月。他出生在一個游居者家庭中，是七名子女中的一個，很早就離開學校，開始從事臨時工，最後成為貨運司機，工作狀態穩定了一段時間。在其雇主要求的壓力下，再加上道路雷達增加，他因超速而受到多次懲罰，駕照點數全被扣光。儘管如此，他還是繼續上路，並在駕駛時被多次逮捕。第一次被監禁時，他失去了工作。從這時開始，他的生活方式變得越來越不穩定。在他最近一次被拘留後，他失業了好長一段時間，最後找到一個搬運工的工作。他這次被逮捕時，正要簽署一份定期合約。訴訟剛過三十五分鐘，就做出入獄服刑六個月的拘押判決。這個人被戴上手銬並監禁起來。之後我和這名受委任的庭長談話，她喪氣地表示：「在這種情況下，我們也不知道該怎麼做。我們感到不知所措。我們認為這無濟於事。我們知道他還是會繼續做一樣的事，但我們必須對他施以制裁。根據他過去的紀錄，我們還能對他做出其他的判決嗎？」至於這名男人，三天後我在拘留所再見到他，他辛酸地表示：「沒有駕照是犯罪沒錯，但我不認為這很嚴重。因此就要和小偷及強姦犯共處一室是不正常的。在我四次的拘留期間，有人給了我一堆提議。有人明確表示要找我合作進行持槍搶劫。甚至有伊斯蘭教組織試圖要招募我們。」他相信懲罰會如此嚴重是因為他是羅姆人。*他停頓了一下後繼續說：「我很憤怒，因為我正在讓自己振作

* Rom，羅姆人，過去被誤稱為吉普賽人，歷史上多從事占卜、歌舞等職業，因居無定所的游牧生活方式而經常受到歧視和迫害。

起來。我有工作。我有我的孩子。」他的妻子正懷著他們的第四個小孩。他的長子開始在學校出現品行問題。六個月後，我很意外地在單人牢房再度見到他，因為刑期減免的規定應該會讓他被釋放。一名獄監向我解釋，他本來已經出獄了，但又再度被逮捕判刑，這次是因為家暴而要坐六個月的牢。

第三個場景。一名犯人被帶到懲戒區入口的狹小房間裡，那裡在舉辦紀律委員會的庭訊。在作為席位的小木桌之後，他陰沉地看著三名負責審判他的人：一名副主席、一名工作人員和一名民間組織的志工。他被指控在幾個星期前被帶去散步時，以種族歧視字眼大罵一名黑人獄監。通常在這種情況下，該機構的主管要對事件進行彙整說明，並在卷宗上附上補充的調查報告。在這種情況下，委員會只能安排獄監進行聲明，而獄監的名字甚至不能透露給犯人知道。沒有證人，不知道詳情，沒有調查，這樣的事非常罕見。不知道是誰指控他，也不知道狀況，這名男人似乎非常困惑。「我甚至不知道是誰！」他大叫。或許是因為過度自信，他並沒有依法律規定申請律師。他笨拙地表達，一再反覆說他不懂別人指責他什麼。檔案裡的資料不足，副主席只能列舉這名犯人拘留期間發生的三十幾個事件，彷彿這是可以證實最近插曲的證明。因感到無法為自己辯解而沮喪，這名犯人被帶到單人囚室等候判決。審議期間，一名實習的公務員對我說，在他工作十年以上的機構裡，從來沒有資料如此少的訴訟可以受到審理。過了一會兒，我們被叫到庭訊室裡。聽到自己被判在懲戒隔離區待七天，這名男人無法克制地做出憤怒的舉動。他一拳打在小木桌上，並將木桌打碎。三名走道上的獄監衝進來，將這名犯人壓在牆上，並為他戴上手銬。在他大聲抗議不公平並自稱是受害者時，他被帶進了懲戒的單人囚室。參與審理的民間機構代表私下議論，如果這名犯人提出上訴，他肯定能夠勝訴。但後者大概甚至沒人告知他這個可能性。他不只會被禁閉一星期，這次的事件和他的懲罰也會影響到他刑期減免的信用，會讓他無法被許可出獄並延遲他未來的規畫。在牢裡，同樣的行為經常引發多種制裁，而且特別會造成獄期的延長。另一名副主席後來向我解釋，即使他們並不相信獄監提供的事件版本，尤其在涉及以好鬥或挑釁行為出名的獄監時，紀律委員會的成員也不允許表現出對他的不贊同而不宣布懲罰：「我們的人說這僅是依據犯罪行為所做出的判決，而犯人並無法說出事實。」他評述近期決定的一系列懲戒隔離區的刑罰，都是在該機構內部關係緊繃背景下產生的小過失，並補充即使犯人顯然只是回應獄監的挑釁，懲罰犯人也能滿足並安撫工作人員——「這可以避免獄監對犯人進行報復。」他坦白地做出這樣的結論。

這三種情況說明了警察、法官或監獄人員在行使其懲罰權時理由的多元性和複雜性。當然，每一種角色都是特殊的，而且不會將人們可能會在執法、刑事司法和監獄層級遭遇到的所有懲罰型態都用盡。尤其是，美國最常見的形式之一，但法國直到近年來才採用的措施，就是由警方管理的罰款制度，未支付者會被移送法庭，無清償能力者會被判入獄服刑，這非正式運作的方式就像是向窮人徵收稅收，以維持市政府的開銷。[12] 然而，我還是堅持這些簡短的敘述，我想說明要回答「為何我們要懲罰？」這個問題有多困難，因此，我們面對的並非想像的困境，而是真實的事實。

在第一個場景中，兩名警察展露的不滿已擴及這些屬於少數族群的勞工階級青少年：在警察之間的談話，他們習慣性地使用「雜種」這樣的字眼來稱呼這些青少年，帶有暗指這些青少年非法出生的意涵。但處於這類環境下的治安警察卻經常使用這充滿敵意和種族歧視的組合，在此當三名少年已經以輕罪的罪犯、受害者——或是最常見的：兩者兼具——的身分受審而受到青少年的司法保護管束時，這也引發了特殊的道德共鳴。儘管警察們假裝不知道這些青少年住在這間中心裡，但他們顯然知道他們的出身，想像他們可能有什麼樣的經歷，因而如此粗暴對待他們：用身分證明文件來騷擾他們、宣稱要逮捕他們、說出侮辱的字眼、身體上的威脅、打耳光。精神上的騷擾和身體暴力不只是讓警察展現他們的自由處置權，也是用來反覆灌輸社會秩序的概念，讓這些少年在反覆類似的經驗中了解自己在種族和道德上的弱勢地位。

在第二個場景中，法庭庭長表示對於必須判處監禁刑責而感到遺憾，因為她別無選擇。然而，她並沒有受到強迫，因為最低刑罰標準並不適用於這個情況。她自己似乎也不相信她的判決能有效阻止這個人再次犯罪，而她也不能忽視監禁會令他失去工作，讓他無法盡家庭的責任，並讓他妻兒的生活條件變得更加不穩定。在這種情況下，剝奪自由的判刑似乎主要來自庭訊中的司法慣例，經由類似檔案的累積，而且似乎很少考慮其他的替代方案。如同另一名法官所觀察到的，當立法者投票通過由保守政府引進的不可壓縮最小刑罰時，行政官員首先會抗議這損害了他們決定的自由和刑罰個人化的原則，接著他們會慢慢習慣新的規範。這名法官並沒有弄錯：幾年後，當一名進步主義的部長簽署了一份通報，要求檢察官精打細算地實施最低刑罰，他們完全沒有放棄近年來形成的習慣，而這讓他們做出極其嚴厲的判決。

在第三個場景中，似乎在庭訊開始前大局已定。主持庭訊的副主席表示，儘管缺乏證據，也沒有檔案呈交至紀律委員會，但一名工作人員提出的控訴涉及言語攻擊，這已讓制裁成為必要。他預料到獄監和犯人會仔細審視他決定的方式。因資料不足而延期，或是做出溫和的判決，都會更加被雙方視為是對這名工作人員的不贊同。囚犯們會將這視為勝利，而這個消息很快就會在各個監獄裡散布開來。獄監們會將這詮釋為對其管理階層的不支持，而他們的工會當然會對這表示憤慨。在這些條件下，做出懲戒隔離的判決是一種安撫策略，相較於維持秩序，主持公道只是其次。大家都不笨：主席們知道他們必須注重實際；犯人們會將這樣的刑罰視為監獄制度極不公平的額外證明；而如同獄監們私下透露的，他們自己也意識到這是他們同事對犯人的挑釁，即使他們並不意外犯人會辱罵他們的同事，但在管理上毫無疑問的是，如果沒有宣判制裁，他們一定會提出抗議。

懲處的合理化理論是否適用於方才提及的三種情況？這些警察的行為似乎很難以報復主義來解釋，儘管他們粗暴對待這些青少年，但這些青少年並沒有做出違法行為；也不能說是功利主義，如果唯一可預見的結果是他們的沮喪和怨恨。在法官的案例中，短暫的刑罰和犯人的去社會化無論如何既不會使其失能，也不利於嚇阻或矯治；至於只有嫌犯而無受害者的事件，制裁就嚴格意義而言有什麼樣的懲罰效果，法庭庭長展現出的沮喪顯示她對此強烈懷疑。最後，在紀律委員會的例子中，刑罰並不適用於其行為，當中既缺乏證據，也缺乏可信度，只有先例，然而這已經能用來進行審判和懲罰；儘管相反地，我們試圖以結果主義進行說明，認為主席希望維護其機構的和平，因而甘冒不公平的風險，我們就又回到了不太令人滿意的說法，即懲處無辜者可能會創造出新的緊繃關係。

因此，不要試圖硬將缺乏彈性的理論架構套用在複雜的實際案件上，因為這可能會扭曲了意義；而是可以從這三段敘述開始提出另一種方式來回答「為何我們要懲罰？」這個問題，同時將不同的論據分開思考，例如警察所提出的證明（為何他們認為自己在進行懲罰？），以及來自不同分析的解釋（為何我們認為他們在懲罰？）。在第一種情況下，警察為了讓自己可以被接受，所以在遇到可疑的行為時，會先以自己的角度主觀地執勤。在第二種情況下，為了讓人理解，會以較籠統的觀點、模稜兩可的行為，將客觀的努力作為分析的基礎。然而，為了理解這些場景，兩種論點都必須一起考量，甚至相互對照。

我們經常從警察口中聽到這樣的陳述，他們在介入勞動階級住宅區時僅是在執法，這樣的說法必須以長遠的角度來看，因為他們被賦予為惡名昭彰的階級恢復社會秩序的職權。法官獨立且公正做出判決的信念必須考量到因政治和輿論壓力而越來越嚴厲的司法實務，而政治和輿論期待的並不是正義，而是具社會階級差異的刑罰分配。監獄部門為了給予紀律委員會形式上尊重監獄權的表象所做出的努力，必須就授予犯人從屬關係與機關安全性的系統優先順序來進行分析。換句話說，合理化辯證和詮釋可以互相呼應，而且每一次都應將局部的場景納入更廣泛的社會過程產物中。由警察施行的懲處形式永遠都受到歷史、文化和政治背景所影響。為了避免將說明簡化為個人行為或決定，而且也為了能夠說明不同時空所觀察到的變化，結合這兩種層次——微觀社會和宏觀社會，如果要這麼說的話——是很重要的。

然而，直到現在，懲處的合理化辯證和詮釋已經由合理的架構進行闡述，不論是透過規範理論中的功利主義和報復主義的二元論，還是透過維持社會秩序、司法慣例應用，抑或機構安撫措施等多種邏輯的經驗描述。分析並不總是能令人滿意。合理性還是無法詳盡地解釋促使警察進行懲罰的理由。「刑罰由激情的反應所組成」，涂爾幹如此寫道。在我們試著去理解為何懲罰總是會過頭，為何羞愧會加劇痛苦，為何懲罰會展現出殘酷，都顯示出這些懲處的表現「是一種額外的酷刑而且沒有目的，或是唯一的理由就是需要用傷害來補償傷害」。[13]然而，他的想法似乎半途而廢了，因為最終這個想法仍接近報復主題的論點，將報復合理化為以相等的傷害作為對傷害的回應。這暗示著享有折磨的權利，只是不加以明說。

尼采也認為應該研究懲處這混亂的關係：「為惡就是為了從中獲取樂趣的快感。」這是他以法文表達的格言。[14]懲罰不只是用惡來回報惡；它是無端地製造痛苦，以作為制裁的補充，唯一令人滿足的是知道罪犯在受苦。因此，在懲罰的行為中有某種可以經得起理性審視的，或更確切地說，可以經得起其作為理性事實的說明：一種或多或少受到壓抑的衝動，社會為某些機構和某些職業授予這樣的影響力。監獄和獄監在這樣的過程中占據了獨特的位置，他們要和道德上被判刑而受到囚禁的人口打交道，而且他們的運作方式是一般大眾所看不到的。讓我們考量以下的象徵性案例。

二〇一二年六月二十三日在美國佛羅里達州（Floride）的監獄裡，一名五十歲因持有古柯鹼而被判刑的精神分裂症犯人達倫・雷尼（Darren Rainey）因在他的單人囚室裡排便並拒絕清理其排泄物而受到個人的懲罰。[15] 這個通常由監獄心理健康單位的獄監施加在難搞囚犯身上的懲處，是將犯人關在淋浴間裡，並用滾燙的熱水沖他。儘管他發出了痛苦的叫聲並求救，但獄監們讓這名男人忍受這樣的考驗一小時——直到他死去。在運送他的屍體時，目擊者注意到他的皮膚已經脫皮成碎片。接下來幾個星期，警察將這案子了結，監獄部門並未受到任何的制裁。一直到當地的日報發表了一篇文章，以一系列過去相關人員的證詞為基礎，披露獄監們「像例行公事般嘲弄、騷擾、痛打和折磨那些慢性精神病患」，目的是激起他們的反應，讓他們可以合理地以懲處回應，才終於展開調查。然而，在這間監獄裡，這並非第一起犯人經一連串虐待後死亡的事件。在某個案例中，監獄單位甚至緊急派出三名調查員至現場：他們毫不妥協的報告描述了重大的失能、腐敗、暴力行為；他們的上司無視這份報告，而應負責任者則離開了他們的工作崗位。最後，在犯人死後兩年，該機構的主任受到感謝，而直接牽連在內的兩名獄監被迫辭職。相反地，司法部門並沒有進行任何的起訴。又等了一年後，法醫撰寫報告，宣判這是意外死亡：犯人在淋浴時滑倒受傷致死。

這悲劇的事件並非單一案例。報告顯示身體、心理和性暴力在美國的監獄環境中是很尋常的事。[16] 即使犯人死亡，管理單位也很少會受到制裁，或是不太會受到起訴。再說，律師、協會或研究者想對監獄的虐待行為進行調查的要求幾乎一貫地受到拒絕，這讓一切獨立的審視變得不可能。這是個不透明且難以滲透的世界，濫用權力、粗暴的行為，甚至是折磨的形式都一直流傳下去而不會受到任何處分。事實上，機構本身也經常煽動其人員做出暴行，並期待他們去執行。近幾十年來流行的懲戒隔離，我們以前會想像它可能是一個對犯人進行道德改革的階段，而它的使用在美國已經非常廣泛，卻顯示出其赤裸的真相：以加拿大哲學家麗莎・剛特（Lisa Guenther）的話來說，這是一種「社會死亡」稅，可能會持續上好幾年，甚至是好幾十年，涉及超過八萬名犯人，並導致相關機構創造出各種施加痛苦的驚人方法。[17]在政府部門和司法機關雖不鼓勵但容忍這些做法，而且還阻撓其調查的情況下，我們可以將這些單位視為懲罰的一部分：當法官宣判入獄服刑時，他們的決定涉及的不只是剝奪自由，而他們也知道這點。但在這樣的情況下，對於大多數的政治領導人和市民來說，他們也對這些事實視而不見，甚至要求法律要更嚴厲，法官要更不妥協，而且監禁的條件要更艱辛，我們可以認為這個社會不只是允許或促進這些殘暴的行為：這個社會是透過委任的方式犯下這些暴行。如同加拿大社會人類學家埃弗雷特・修斯（Everett Hughes）在提到美國的獄監時寫道：[18]「有時會發生這樣的情況，假使我們和某個生性殘忍的人打交道，他還是可能存有某種是非概念，認為自己只能做別人希望他做的事。要是那些獄監膽敢違抗就好了。然而，換作是別人處於同樣的職位上，他們還是會這麼做。」大眾的漠然，政界的沉默，以及管理單位的拒不合作，構成了某種行使許可，可毫不遮掩且無限制地行使懲罰權——即令人受苦的權利。

如同許多國家的人權組織和記者們蒐集的片段所顯示，在這方面，美國確實代表著極端情況，[19]然而卻算不上少見。相較之下，考量到已確立的規範、現存的監督機構和法治國的不同概念，即使不同國家對於這些做法有極為不同的容忍度，但在歐洲的監獄系統中，很難想像可能會有這種程度的殘酷事情發生，或至少是不為人所知的。[20]然而，考量懲罰機構之間明顯不同的限制就會犯下錯誤：美國當然是非典型的案例，但說明了情感和衝動成分的非典型案例始終存於懲處當中，而這樣的成分可能會導致懲處的失當。在歐洲的背景下，情感成分受到抑制，懲處失當的狀況因而受到控制——情況並非總是如此——但也不少見。就這樣的意義而言，美國既是例外也是代表性的案例。

然而，與懲罰行為相關的樂趣不只是透過對懲罰心照不宣的授權委任給某些機構和職業。觀看，甚至是參與的個人也會感受到這樣的樂趣。美國南部因《吉姆．克勞法》（lois Jim Crow）所動用的私刑，中東實行伊斯蘭教法的穆斯林國家的投石死刑，而在非洲撒哈拉沙漠南部地區和拉丁美洲的自衛報復架構下，被推定為小偷的會被毆打致死，這些都直接涉及群眾參與的暴行。但這受苦的混亂關係最常以間接及緩和的形式出現。因此，我們可以理解無數紀錄片或真人實境秀的成功，在這些影片中，個人因為他們被認為犯下的違法行為而受到警察、法官、獄監、記者，甚至是旁觀者的羞辱和折磨。在這系列影片中，有一支影片設圈套捕捉到「性掠奪者」——他們在網路上交易未成年人，並在一次有隱藏式攝影機的自白之後遭到逮捕；另一支影片拍攝了安全規格極高的監獄日常生活，並聚焦於最暴力的時刻和最令人擔心的囚犯身上，甚至就此推出「虛擬實境的應用程式」，而多虧有專用的眼鏡，可以「將觀眾傳送到美國監獄內部，讓最深入拍攝的電視節目之一成為極其刺激的體驗」。[21]因此，和我們所能想像的剛好相反，懲處及其殘酷在過去讓上演酷刑和處決的地方聚集了人潮，而這樣的場景並未消失：它搬到了螢幕上。當然，這樣的畫面已按照現代人的敏感度要求而進行修改，變得較為溫和，不再涉及身體，而是尊嚴；不再展現生理上的痛苦，而是社會死亡。然而，這是一種現代形式的色情，在看到惡名昭彰的人受苦時，會激起模糊的興奮感。[22]此外，美國的法官有時也會利用這種方式，透過對羞恥心的操作，讓未成年的輕罪犯掛上寫有其犯行的告示牌，就如同納撒尼爾・霍桑（Nathaniel Hawthorne）小說中犯有通姦罪的女主角海斯特・白蘭（Hester Prynne），必須在胸前寫上鮮紅色的「A」。[23]但這也促使伊斯蘭國上演將其受害者斬首的畫面，可以合理地預料到當西方國家的大眾看到這些景象時，絕對會引發摻雜著吸引力的恐懼。懲處的殘酷表達和其景象的色情展現當然並不荒謬。它們滿溢的情感——衝動或蓄意的——顯示出在懲罰的行為中，總是有某種超出其合理證明或詮釋的純理性的東西。

而且考量到當中涉及的情感，我們可以重讀先前提及的三個場景。對警察來說，威嚇、侮辱、言語和身體暴力所帶來的快樂是他們的特權，就如同我所能觀察到的許多案例一樣，其中除了權力關係，還可以再加上社會的不平等和種族歧視。例如：在其他的插曲中，保安警察彼此之間公開表明，他們透過身分盤查和不合理的搜身干擾友好的聚會，擾亂居民的樂趣而感到沾沾自喜，或是以挑釁受拘押者自娛，後者則因想到要為過去已履行的刑罰坐牢而感到絕望。法庭上較難從決議中讀出情感：決議似乎無法滿足法官。在決議之前的互動，對被告的訓誡，對其社會狀況冒犯的評論，以及對其取代過去毒癮的療法提出得罪人的意見，都加劇了檢察官的憤慨，甚至是律師的譴責，這一切元素都已遠遠超出審判的行為，而且顯示出因此創造出的從屬關係中體驗到的樂趣。在我和我追蹤的立即出庭訴訟的犯人進行訪問時，他們還告訴我，法官的態度和言論對他們來說才是一種凌辱，他們希望能儘快結束這樣的考驗，去坐牢幾乎成了一種安慰。最後，對紀律委員會來說，負責仲裁無檔案案件的三個人流露出為難的神情，更確切地說是困惑，但在無法證實犯人有罪的情況下，獄監對制裁的期待，顯示出更加混亂的情感。在某些聽證會期間，委員會主席也能高聲說話，唯一的目的似乎是為了削減犯人的銳氣，或是強調判決可能附帶的結果。過當的懲罰行為會依機構、背景、情況和人而有所不同：可展現出來或隱藏起來，可以很明確或模糊。然而，即使是在司法部門最著名也最文明的形式中，仍有這種受苦引發快樂的陰暗面。

在此，我們可以轉述法國哲學家喬治・巴塔耶（Georges Bataille）的話來談論懲處的「邪惡的部分」，他指出邪惡的部分總是超出應有的部分。[24]就是這邪惡的部分經常被隱藏並受到否定，不論是合理化辯證還是詮釋都無法提供完整的說明。

×××

最初的提問——我們為何要使用刑罰？——因而變得越來越複雜。它先是分化成兩個問題，一個是標準的問題（我們為何要使用刑罰？），另一個則是分析性的問題（我們為何要用法律行為進行懲罰？），後者為前者建構出某種經驗性的測試。這個問題接下來轉移至另一個問題（我們如何施行刑罰？），這似乎是在納入懲處的情感層面時所不可或缺的，但卻是傳統理性的讀物所避免的。因此，我們從哲學家和法學家討論的純推理合理辯證，進入到警察自己的合理辯證（在他們懲罰時，他們如何說明他們造成的情況？），以及遠距觀察者的詮釋（如何說明懲罰行為的決定和意涵？），最後以探索懲處的陰暗面，或更確切地說是灰色地帶作結（在施以刑罰、讓人受苦的樂趣中被賦予什麼樣的地位？），後者被深深地埋藏起來，而且也最難以形容。

來到這最後的階段，我們可以將本讀物的主張倒過來看，並將哲學和法律方法看作是為了消除懲處的不理性面向而刻意做出的努力：法令既可被理解為紀律，也可以是原則，用來以嚴峻的方式掌控衝動——在某種程度上，**邏各斯**[*]可以將**傲慢**（hubris）昇華。這樣的努力值得稱許，而讓鎮壓機構和專業人員及政治領導人了解這樣的努力並非沒有意義。但要打破這怪誕的良性循環魔法屬於社會科學的領域，同時還要說明為何警察、司法官員和獄監會以他們的方式進行懲罰，為何刑罰民粹主義會在公眾領域超越了功利主義，甚至是溫和的報復主義，為何懲處經常會過頭，不只是出於罪行，也是因為人們認為應當如此。

然而其定義和合理化辯證的盲點依舊存在。因為鎮壓者的工作、政治領導人的言論，以及懲處的過當，在社會領域中的展現未盡相同。它們瞄準某些類型的個人和某些領域，但卻跳過其他人。確切地說，旨在定義懲處並加以合理化的哲學與法律理論在公正合理地說明懲處時往往會遭到掩蓋。因此，現在應該檢視的是刑罰分配的問題，並詢問：我們要懲罰誰？

* logos，古希臘哲學、西方哲學與基督教神學的重要概念。在古希臘文中一般有「話語」的意思；在哲學中表示支配世界萬物的規律性或原理；在基督教中是耶穌基督的代名詞。

CHAPITRE 3

第三章

懲罰的是誰？

QUI PUNIT-ON ?

□

對懲罰的定義和合理化辯證引發哲學家和法學家的激情，形成大量的文獻和豐富的討論，但也完全沒有提到分配的問題。他們大概完全沒有想到要提出這個問題，以他們的觀點來看，懲罰的行為首先必須要公正無私，以公平的方式去影響犯人，而且就只有犯人：總之就是公平的正義，因此不再需要理論上的發展。於是，「我們要懲罰誰？」這個問題就其科學的層面較屬於社會學家和犯罪學家的領域，就其應用的層面則屬於人權分子和律師的領域。這一切的發展就像是在法庭上或監獄中，從社會階級的展現或民族種族的血統中觀察到的驚人分歧並不構成和哲學或司法直接相關的目標，或只是轉化為犯罪傾向的差異，認為最常受到制裁的就是最常犯罪的人。再說，這兩門學科在對特殊案例進行推理時，不論是明示或暗示，其吹毛求疵的手法可能會很難理解這些分歧，因為這些分歧必須以集體層面為前提進行思考，並運用統計工具進行衡量。

像這樣確認哲學家和法學家相對較忽視懲處分配的不平等後，我們當然應該找出例外，尤其是如**法律現實主義**（legal realism）和最近的**批判法學**（critical legal studies）思潮所代表的例外。但其中最驚人同時也是最非典型的例外和傅柯有關，他在法蘭西學院任教的大部分課程都以「懲罰性社會」為主題，並稱之為「內戰」，在十八世紀末和十九世紀初期以驚人的方式來談論刑罰制度。[1]他說，這場戰爭，是「社會的戰爭」，是「富人對抗窮人的戰爭」，其中罪犯成了「社會的敵人」，而將其懲處合理化的犯罪行為宣告了社會戰爭的開始。當「法律由不打算用在其身上的人制定，但卻用在非制定法律的人身上時」，違法行為成為區分「人民非法主義」（最常見的類型是掠奪）和「資產階級非法主義」（主要的類型是詐欺）之間的目標，前者成為工業資本主義的障礙，而後者則被視為有利於工業資本主義。這就是說「要懲罰誰」這個問題同時必須以另一個問題為前提：我們要懲罰什麼？一個問題說明了另一個問題，並顯示表面上關於資格和違法制裁的中立決定如何產生待遇上的不平等。為了確定這些疑問的答案，我首先將分析刑罰制度如何造成違法行為及其行為者的雙重分化，接著是這樣的過程如何遭到消除和否認。

×××

罪與罰之間的關係並不如大眾普遍認定的那麼簡單明瞭。法國猶太裔社會學家涂爾幹扭轉一般預期的概念順序，就這麼將犯罪定義為：「不論程度為何，對於行為者的任何行為所引發的特定反應，我們就稱之為罪。」[2] 並補充：「與其說犯罪的行為冒犯了集體意識，不如說是因為冒犯了集體意識，所以形成了罪行。我們並非因為犯罪而加以譴責，而是因為我們的譴責，它才成為一項罪行。」因此，倘若我們稱為犯罪的行為是社會約定俗成的產物，而這些產物本身和「集體情感」有關，那這些選擇就會致使社會向我們表明我們所鎮壓的行為等級。其中的原則何在？涂爾幹問。例如，為何謀殺「普遍被視為最重大的罪行」，而「經濟危機、股市重挫，甚至是企業倒閉」，這些結果可能比殺人更嚴重的情況，卻沒有引發同樣的憤慨？因為光是罪行的嚴重程度並不足以解釋刑罰的差異。而這名社會學家沒有考慮到的是，行為的等級也顯示出行為者的等級。儘管如此，我們還是在其姪兒馬瑟．牟斯（Marcel Mauss）後來於波爾多大學（l'Université de Bordeaux）任教時撰寫的筆記中，找到了回答這個問題的要素。[3]他在筆記中比較了「對低下階級和人口犯下的暴力罪行，以及對商人階級與都市文明人口的財產犯下的輕微罪行」，描述的口吻澈底顯示出他的偏好。

他肯定沒讀過《社會分工論》（*De la division du travail social*），這本書是一世紀前的觀察報告，其結論與兩名記者針對美國二〇〇八年金融危機揭露的經濟犯罪進行調查所得出的結論幾乎一致。五大投資銀行和司法部經七年的協商後，收到了司法不起訴的協議，他們對這樣的協議做出了評論，文章一開頭是這麼寫的：[4]「對大多數人來說，對某項罪行進行認罪辯護意味著很有可能會坐牢、失去他們的工作和投票權。而當世上最大的五間銀行對詐欺和違反《反托拉斯法》[*]進行認罪辯護時，生活還是繼續，大概也不會因此而有絲毫的動搖。」此外，我們還可以藉由補充說明來強調這樣的對比：在美國不需要犯下重大罪行就會受到監禁，因為只要很尋常的未繳罰金，或是單純的持有大麻，就會被判入獄。更有趣的是，我們可用涂爾幹的方式來比較有權勢的銀行和一般的市井小民，以加強他們之間的對比：違法總金額引發的損害（詐欺的幾百億美元對比未繳納的幾百美元），以及這些行為對人造成的後果（因經濟危機而導致數百萬人失業和數百萬個家庭無家可歸，對比因吸毒者而明顯受害的第三方）。

在我對看守所進行調查期間，某日我和一名二十八歲的男子進行了交談。他是一名法籍的摩洛哥人、某城市的居民，已婚且有一名小孩，原本工作不固定，直到某日因持有並轉讓大麻而遭到逮捕。這是他第一次涉及訴訟案，他被判三年監禁。他帶著看破一切的笑容對我說，他覺得「司法是不公正的」。儘管他承認自己的不法行為，也認為接受懲罰是合理的，但他憤慨的是：「我並未傷害任何人，我也沒有偷盜任何人的財物，我也不會偷竊超市的物品，而且我會繳稅並支付我的罰金。但我看到薩科吉（Sarkozy）利用老女人的錢，卡於扎克（Cahuzac）坐擁他欠國庫的幾百萬歐元……而他們卻都是自由的！」他影

*——antitrust，即反壟斷的意思，在臺灣相當於《公平交易法》。

射的當然是法國前總統，在其選戰可能接受非法資助的背景下，他受到「詐欺弱者」的指控。他同時也影射了前預算部長，他被控逃漏稅和洗錢。而這兩人在經過漫長的司法訴訟後，都成功地讓訴訟延期，前者或許也成功地避開了制裁，後者當然也減輕了需支付的費用。[5] 而且這名男子的筆錄在統計上是有效的，因為在二〇〇〇年代期間，因違反毒品法而被判刑的案例已經倍增，而單純使用毒品的判刑已超過三倍，經濟和金融犯罪的判刑則降至五分之一。[6] 在第一種情況下，判刑的顯著成長並不符合流行病學研究中實際可察覺毒品使用的發展：這顯示出對大麻吸食者和持有者較具侵略性的鎮壓手法。在第二種情況下，觀察到的判刑率下降反而和觀察到的行為倍增形成對比：這是商業生活除罪化的官方政策所造成，讓警方和法庭減少在這個領域的投入，法官的司法工作轉移至檢察官身上，而且偏好由檢察官進行和解的協商。最後，這名在其單人囚室深處流露出苦澀的男人，確實展現出社會學上的意義，用他的方式說明了人並不是因為有罪而被判刑，而是因為被判刑才變得有罪。然而，再進一步比較這名男人和具影響力的政治人物的命運，因而暗指在某些人眼中缺乏彈性的刑罰機制，卻會在不支持他們的情況下照顧某些人的利益。總之，除了涂爾幹，還要提到馬克思作為補充。

然而，「依據你是權貴還是可憐人，法庭上的審判會讓你變白或變黑」這件事，就如寓言的寓意所述，並非西方的獨特之處或現代的獨創。[7]例如：在目前剛果民主共和國的阿贊德傳統社會中，懲處取決於被冒犯者和冒犯者是誰：類似的犯罪行為，犯在首領身上會比犯在團體中其他成員身上要受到更嚴厲的懲罰，相對地，當被告是低下階級時，他所受到的制裁也會比領導團體的被告要重。[8]「一位平民應該為人們要他負責的所有違法行為受到懲罰」，但卻幾乎不會有人敢去證明掌權氏族成員的罪行，即使這位成員的地位再微不足道。如果這樣的一位成員被控使用巫術，這件事會受到保密，而換作是處於類似情況的平民，就會受到嚴格的處分。同樣地，在十六世紀的費茲（Fès）和馬拉喀什（Marrakech）的伊斯蘭教社會中，「較高的社會階級會帶來減刑」，而且「和受懲罰的人種有關，在懲罰期間也會上演著社會的分級制度」。[9]因此，人們經常引用聖訓來說明：「讓我們原諒這些有身分地位的人的錯。」作為這特別待遇的說明，當有人犯下殺人罪，但卻沒有控訴方時，蘇丹會判這名罪犯戴著手銬走遍這座城市的道路，邊走邊宣告自己的罪行後再釘在十字架上，接著在公開場合處決，但如果是上流階級的人，便可免除這樣的凌辱，人們會先在獄中將他割喉處死，然後再帶他的屍體遊街，同時宣布他懲處的理由。在現代歐洲，這樣的刑罰差異同樣出現在監獄人口的組成中。「這就是明顯受到控訴的人：窮人，尤其是工人。」米雪．貝羅（Michelle Perrot）在十九世紀末參照法國的刑罰機構後如此寫道。[10]不論是流浪漢還是乞丐，但願他們受到僱用就好了——此外，這些人之間的差異往往只是時間的問題，也就是說，經濟危機會使工作者陷入困境——這些窮人和這些工人構成了危險的階級，他們會偷竊、攻擊，而且過著濫交的生活。因此，這些人在法蘭西第三共和國時期的監獄裡人數偏高，而在這一時期還出現了另一種人：外國人，而且

「以義大利人為首」。因此，監獄的人口統計總是會隨著社會經濟的判定而反映出犯罪活動，並隨著其法律道德的成見而反映出刑罰。

在現代時期裡，最多人研究的就是美國的案例，美國似乎既是例外（極其嚴厲的刑罰制度，以及刑罰分配上極大的社會種族差異），也是典範（在現代的懲罰時刻裡顯示出懲處分配的普遍機制）。在一萬名居民中就有超過七百名的犯人，這是世界上監禁比例最高的國家，遠遠超前俄羅斯和中國，這似乎駁斥了孟德斯鳩（Montesquieu）在將近三世紀之前做出的評論：[11]「比起以榮譽和美德為動力的君主政體及共和政體，嚴峻的刑罰更適合以恐懼為原則的專制國家。」這名哲學家甚至補充：「在所有或幾乎所有的歐洲國家，刑罰會隨著越靠近或越遠離自由而減少或增加，這是很容易證明的。」如果他活到今天，這位《論法的精神》（*l'Esprit des lois*）的作者肯定會修改他的分析，以說明現代民主政治的矛盾，其中平等與自由陷入如此緊繃的關係，若剝奪了它們其中之一，就會成為實現另一者的重大阻礙。刑罰制度越是嚴厲，也就越不公平：很少有社會學的陳述可以這麼經得起經驗式的檢驗。

根據布魯斯．韋斯特所進行的研究或分析，如果聯邦、國家和郡立監獄的監禁率在一九七〇年代末期至二〇〇〇年代初期增加了六倍，這樣的演變主要是受到黑人人口的影響，尤其是弱勢族群的黑人。[12]一九八〇年至二〇〇〇年間，受監禁的白人男性比例從〇．七％上升至二．一％，黑人則由三％上升至七．九％；至於未中止其中等教育的二十至四十歲男性，白人的比例從二．一％上升至六．七％，黑人則由一〇．七％上升至三二．四％；至於西班牙人，他們的數字則位於這兩類族群之間。換句話說，儘管不同的團體上升的節奏幾乎相當，都在二十年內增加為三倍，但這對美國黑人以及程度較低微的美國拉丁人造成的影響最令人擔憂，而這主要是指弱勢階層。[13]在生活經歷方面，一九四〇年代和一九六〇年代之間出生的世代，白人男性在三十五歲之前坐牢的可能性從一．四％增加至二．九％，黑人從一一％增加至二〇．五％；在後者中，未中止其中等教育者高達五八．九％。當我們考量這個世代的不同生平事件時，白人獲得學士學位的人是坐牢者的十倍以上，而黑人取得大學文憑的機會則不到監禁者的兩倍。對後者來說，坐牢多過於高等教育經歷因而成為常態。

難道說，這樣的演變單純只是違法數量增加的結果？而其中又以貧窮黑人人口尤其明顯？事實上，儘管監獄人口的膨脹從一九七〇年代末期犯罪增加時期便已經開始，但這兩大現象的曲線並未趨於一致，尤其是在一九九〇年代最後十年期間，監禁率倍增，而犯罪統計則減少三分之一，調查甚至顯示，例如以年輕人來說，黑人攻擊、偷竊和毀損財物的行為明顯較白人下降得更快。而且儘管毒品戰爭在一九八〇年至二〇〇〇年間帶動了大量監禁，逮捕人數增為三倍且監禁人數增為十倍，但在嚴厲度的差異上出現明顯的不一致，因違反毒品法而被逮捕的黑人約為白人的三倍以上，而研究顯示年輕黑人的毒品使用率較白人少四分之一，因吸毒過量而需要急救者少二至三倍，而且在窮人階級中，毒品的轉售率則少三分之一。如同韋斯特所做出的結論，犯罪是勞動階級地區的重大現象，在美國又以大多數為黑人的地區為最，但與其說這是監禁人口爆炸，以及警察和司法針對黑人民眾進行鎮壓等雙重現象的「原因」，不如說這是「背景」，在這樣的背景下，要考量的是民權運動結束後種族間緊張氣氛的攀升，因差異增加所造成的經濟重組，以及政治領導人以民眾的不安全感作為手段。

對照法國的情況，可強調出對比和相似性。同樣在一九七〇年代末期和二〇〇〇年代初期，監獄人口明顯增加，但是以較緩和的節奏，因為增加不到兩倍。[14] 然而，監獄人口及其演化的不同，以及犯罪數據的對應則未獲得充分證明，因為刑罰統計機構很少考量犯人的社會經濟特性，而且並未獲得允許去蒐集相關的民族種族資料。儘管如此，一九九九年的清查顯示，監獄人口中有一半的男性是工人，三分之二的人在十八歲之前輟學，而這兩類人只各占一般男性人口的三分之一。至於屬於少數族群的人口，我們可以間接透過國內類似的數據去評估，犯人的父親往往有四倍以上是出生於非洲省分，而坐牢的男性有兩倍以上兒時在家中說的是法語以外的語言。因此，儘管我們無法像美國一樣說是大量監禁，但監獄的人口也隨著明顯的社會經濟和民族種族差異而擴張，勞動階級和移民家庭的人大大地超出比例。

尤其是在我研究的看守所中，超過八百名的犯人中有一半沒有工作，而法國人口的失業率是一〇%，在監獄所在的地區為一二%；二分之一的人表示沒有工作，而四分之一的人是工人；十分之四的人沒有任何文憑，而十分之四的人有專業文憑。此外，有超過四分之三的犯人屬於少數民族，三分之一是黑人，另外三分之一是阿拉伯人，當中有超過十分之八的人有法國國籍。這樣的比例在不到三十歲的人口中更高，而當中只有六分之一的犯人是白人。[15] 弱勢族群（無業者為當地一般人口的四倍以上）和少數族群（六個犯人中有五個不到三十歲）的比例如此偏高，這當然需要某種解釋，因為我們可以尋思，如果監獄的人口組成不只是反映犯罪和輕罪的人口，那麼在監獄中較大量的窮人、失業者、黑人和阿拉伯人，事實上並非他們犯下較多罪行和輕罪的結果。

讓我們考量對抗毒品的案例，幾乎和美國在同一時間進行，背景也是同樣的道德恐慌，有部分反應在學生的抗議活動、大型音樂集會，以及以「寬容社會」為由的危險。[16]一九七〇年十二月三十一日的法令是重要的轉折點。它制止了一切和毒癮有關的行為，也包含單純的使用，而這變成了應受一年監禁刑罰和罰金的輕罪。在接下來的四十年裡，因違反毒品法而遭到逮捕的人數增加至六十倍，每年高達約十六萬人，形成五萬八千件判刑，其中有二萬八千件被判處監禁，並有一半符合入監服刑的條件。但當立法機構最初特別關注非法販賣，法令優先鎖定如海洛因和古柯鹼等所謂硬物質的使用時，四十年後，單純的使用占逮捕人數的八六％、判刑人數的六〇％和監禁刑罰的三三％，而因使用大麻遭到逮捕的則占九〇％。每年都有十二萬人被判入獄服刑，當中有八分之一的人是因為違反毒品法，其中四分之一是單純的使用，即非法販賣的兩倍以上。[17]因此，就目標活動的危害性（從非法販售到使用）和受指控產品的危險性（從海洛因和古柯鹼到大麻）的觀點來說，這是雙重的本末倒置。法國反毒品的刑罰機制要點從此朝向大多數鄰近國家已撤銷處分的吸食物質上。[18]而我們還可以補充，這幾乎沒有效果，因為吸食毒品的人數在二十年內已大幅成長，讓法國成為歐洲毒品使用者比例最高的國家之一。

就這樣，人們認為國家應該維護公共衛生與秩序，但國家採取的抑制行動卻著重在較無害的活動和物品上，而這樣矛盾的做法只是冰山一角。當普遍以慣犯為目標時——在嘗試毒品的一千七百萬人中有將近一百五十萬人為高度使用者——公權力同時得以將其抑制行動瞄準某些類型的族群，因為我們顯然無法逮捕所有的吸毒者。[19]儘管流行病學研究顯示，在年輕人當中，不同社會階級的吸毒量幾乎相同，中產階級甚至稍高，但警務人員卻鎖定在勞動階級及其居住地區。他們開始於這些居住區裡巡邏，而不是先到大學裡。盤查和搜索鎖定在居住於這些區域裡的年輕人，而非在大學裡就讀的年輕人。[20]因此，因違反毒品法而遭到逮捕和可能的判刑主要和家境不富裕及移民出身的民眾有關。此外，在這樣的範圍內，這些逮捕成了明顯的輕罪，如果有追捕的情況發生，幾乎都會立即形成處分。然而，在立即審判的情況下，判決顯然會很嚴厲，最常宣告的就是監禁的刑罰。在這懲罰的機制中，政治人物終究扮演著重要的角色，不只是透過伴隨而來的法規和政府通報，也包括對執法單位下達關於逮捕名額的命令，對檢察官下達關於不可變通的命令。因此，從一個人在路上被發現持有少量的哈希什*，到二十四小時後他進入看守所，每一個刑罰的過程都受到這些選擇的影響，挑選誰必須受到懲罰。

然而，人們經常低估大麻使用者受到制裁的比例，理由是，相較於實際逮捕的人數，被判刑入獄的情況很罕見。的確，受到逮捕的人當中只有四分之一多一點的人會遭到判刑，其中有四分之三的案例符合罰款、教育措施和替代性刑罰的條件。儘管如此，這樣的推理往往迴避了兩項基本事實，讓我們無法了解懲罰的社會分化。首先，對於十三萬五千位被逮捕的毒品使用者，懲處主要在於盤查與搜索時的侮辱（經常在近親面前）、逮捕和拘留時的凌辱（虐待的機會）、失去的光陰（中止活動和因而引發的成見），同時在不順從的情況下，也增加因失去控制而對代表公權力執勤的警察侮辱和反抗罪行的風險。其次，在這樣的過程後，有三千三百件被判入獄的案件，還應該要再加上五千六百件因持有少量毒品的類似制裁，這很常在搜身時被發現，犯罪和輕罪共占被判入獄服刑案件中七%的比例。此外，同樣經裁決含緩刑的超過一萬件監禁刑罰會加重日後可能的訴訟，並留下犯罪紀錄。[21] 我們可以看到，為了解使用毒品的懲罰及其分配所帶來的真正影響，對於警察和法官實務整體刑罰統計及其意涵進行如此嚴密的分析是不可或缺的。懲處不能被簡化為司法制裁，**更別說是**監禁的措施。社會擁有許多其他的手段可以用來懲罰它想懲罰的人。

反毒品的抗戰提供了出色的說明。由於其目標的轉移並不只是在實務和物質方

＊——haschich，是大麻的樹脂。

面運作，也展現在目標群眾的層級上，一九七〇年的法令造成勞動階級和移民出身的年輕人漸漸取代了和毒癮流行主要相關的白人和中產階級的年輕人。因此，這反毒品的抗戰史透露出我們想抑制的非法主義定義的延伸，而這讓我們更能定位這樣的鎮壓行動：從海洛因的非法販售到大麻的使用，我們允許自己去標出我們想要制裁的人口範圍，也就是主要懲罰的是我們先天定義為應受懲罰者。就是這樣的機制導致越是嚴厲就帶來越多的不平等。

為了替這樣的現象提供概括的說明，我們難道不該採用傅柯的假設：[22]「懲處並非用來消除違法行為，而是用來加以區分、分配和利用；其目的並不只是要讓準備違抗法令的人順從，而且還傾向於以束縛的普遍策略來整治違抗法令的行為」？反毒品戰的失敗（儘管這樣的鎮壓是以違反毒品法為目標）和對某些民眾的聚焦（結果是姑息其他人）似乎確認了這樣的假設：這項政策的首要目標並非降低毒癮，而是在刑罰上區分這項輕罪和其他的違法行為，因而也區分了相關的族群種類和其他犯下輕罪的人口。實際上，這正是選擇應制裁的違法行為，並從行為人中決定應鎖定的目標，讓懲罰更能直接在社會中進行分化：制裁對大麻的食用而非濫用公款；警察在勞動階級區巡邏，而非在一般住宅區巡邏。[23]這樣的區分當然並非社會中立：將某些人降低並保護其他人。對某些非法主義和人口種類進行選擇性鎮壓因而在社會歧視的形成和重現扮演著重要的角色。但這樣不平等的刑罰分配要如何運作，而且又要如何解釋這實際上在社會上受到很大的容忍？這就是現在必須提出的雙重疑問。

×××

透過刑罰的三稜鏡，法庭在這方面可被視為反映社會的典型場所。一名十九歲的年輕人因在查驗身分時「激烈抵抗」，並在拘留期間「以言語、動作威脅和侮辱」而被三名警察帶上法庭。他他是法國人，但父母是塞內加爾人，他所居住的城市是法國最早也最重要的居民區之一，這裡的居民主要是過去殖民地的移民人口。這個地區有三分之二的年輕人非歐洲籍，超過全國平均數的三倍。有三分之一戶人家的生活水準在貧窮的門檻之下，而且每四名年輕人就有將近一名年輕人失業，即就這兩項標準而言為地區平均數的兩倍。這名被告居住在被歸類為難處理城市區的三個行政區之一，而他的母親獨自在這裡養育五名小孩。他中斷了中學的學業，展開了木工的專業文憑考試，但這比較是出自於被迫，而非出自於喜好。他在尋找這方面的工作。儘管還很年輕，卻已經有五項犯罪紀錄，事實上他侮辱和反抗執行公權力的警察已經讓他成為執法單位理想的嫌犯。正如同他的母親後來向我說明的，他持續受到警察的騷擾，沒有特別的動機就對他進行盤查和搜索，只是為了刁難他，最近他遭到逮捕並被拘留了兩次，原因是出自後來已證實由他人犯下的輕罪。庭訊時，這名待過警察局單人囚室的年輕人在法庭的審判大廳裡不太自在，但又不想丟臉，笨拙且生硬地回答庭上的問題，遭到多次訓斥。和指定律師的談話進行得並不順利，也導致辯詞缺乏力量。經過簡短的商議，法官宣布因為三名原告中的其中一位未能及時收到通知而缺席，訴訟必須延期，但在此之前，這名年輕人必須被暫時拘留。這樣的措施變得有必要，法官解釋，因為缺乏證明文件，而且有再犯的可能。他的母親懇求法官，承諾他會出席訴訟，而且會乖乖待在這裡，但顯然毫無作用。這名年輕人被戴上手銬，帶離被告席，臉部的表情讓人猜不透，就這樣被帶到看守所，這時兩名出席庭訊的治安警察離開房間，明顯對這樣的結果感到滿意。

儘管在法國，臨時拘留應被作為「最後介入的手段」，而且只能在無法進行司法審查或軟禁時才會例外地宣判，但光是立即審判，每年就有一萬五千人因為訴訟延期而被臨時拘留，在這些訴訟程序中占超過三分之一，而且約是所有監禁案件的五分之一。[24] 這幾乎總是意味著在判刑之後的監禁刑罰可至少包含臨時拘留的時期。因此，即使這在技術上是一種預防性措施，它也帶有懲罰性的成分。此外，這名年輕人被控侮辱和反抗治安隊警察的罪名每年占超過一萬五千件判刑，其中有將近三分之一被判入獄服刑。在累犯的情況下，後一項制裁的可能性會提高，最常因為證人缺席，演變成治安隊警察和城區的年輕人對證。因此，提前做出最後決定，選擇在等候訴訟期間維持拘留，就法官的觀點而言是合乎邏輯的，而用來將這選擇合理化的司法論據事實上似乎有點流於形式和表面。在這樣的情況下，嫌犯因其前科和態度，在被審判之前就被假定有罪。而接下來的監禁刑罰更證實了他的罪行。

在本案例中，嫌犯在法庭上的舉止實際上讓法官除了他的犯罪紀錄外，更增添了不好的印象。這既是來自其階層的習慣，也是對司法法規的無知：出於無禮和笨拙，他接連失去了他的律師和庭上法官的信任；出於傲慢和缺乏經驗，他不想，也不知道要說話認錯。他就這樣用他的行為來加強法庭成員對他的成見，而從他們高傲的語調，或是私下交流的輕蔑意見，讓人隱約可猜出他們對嫌犯的想法。最後，判決大概比較是針對他的身分，而非他做了什麼。或更確切地說：考慮到他們對他身分的想法，他們認為他應該做了。此外，我們也能以這種方式來說明，警察的做法導致了這次的事件，是他們想將這名年輕人帶到法庭上。在他生活的地區裡，治安警察知道他們在和誰打交道。當輕罪突然發生，可以預料到他會被推定有罪，就像前兩次他被逮捕並受到粗暴對待，儘管他是無辜的。若他出現在公共場合，人們可以用各種約束的形式來讓他屈服，無需引用常規的法律證明。身分的盤查和搜身，甚至是侮辱和挑釁，至少可作為立即的懲罰，有時還會製造能使其受到制裁的可疑情況，當這樣的糾紛進入審判，這似乎就成了案件。此外，有些警察對此毫不隱藏：對於他們認為法官懲罰得不夠的人，他們會說這些人將「碰上他們的緩刑」。就他們的角度來說，這名出身於勞動階級住宅區的年輕人並不知道這件事：一旦他們和司法機關扯上關係，唯一能逃脫執法單位糾纏的方法就是離開「這個區域」。但法官似乎沒有意識到警方的這些行動模式。他們遵循公務人員宣誓的版本，而且當這些他們認為缺乏教養的年輕人提出反對意見時，他們會感到生氣。

為了解這名塞內加爾裔法籍年輕人的案例，事實上應考量形成其刑罰史的社會條件。這可以從雙重層面進行分析：結構（在多事城區的生活）和狀況

（和警察的互動），這兩者和這名年輕人的日常生活息息相關。一方面，讓被告過去變得有罪的輕罪行為將會對法官的決定造成影響，尤其是加重竊盜，這些行為在他長大的環境是受到青睞的輕罪，而這個環境的特色是經濟不穩定、缺乏職業前景、地方犯罪機會的存在，以及參與不正常活動組織的管道。就如同傅柯在提到另一個時期的非法主義時所指出的，「掠奪」的做法是某些社會低層階級的特色，而「詐欺」，尤其是稅務上的詐欺，則是某些富裕階級的特色。[25]但另一方面，若被告出現在法官面前，這是因為另一項事實，和治安警察進行盤查和搜索時假定的輕罪有關。然而，警察的出現與其操作方式並非出於偶然的安排。執法單位聚焦於某些區域、某些人口，而這樣的集中火力較不是因為違法行為的影響，而是盤查和表現的邏輯決定了某些做法，讓他們不允許自己不這麼做：面對勞動階級住宅區的居民，他們首先會強制性地展現社會秩序，確認身分和搜身主要是為了在這個社會裡「讓他們想起自己的身分」，並測試他們的溫順程度，就如同理查・艾瑞森（Richard Ericson）所寫的。[26]結構因素就這樣說明了他的竊盜史，而狀況因素則賦予他受到侮辱和反抗的指控。然而，犯罪紀錄的說明中提到可能的社會條件並不能作為決定性因素（高犯罪率階層並不會讓所有人都過著罪犯的生活，大多數受到警察騷擾的年輕人只會默默忍受）和合理化的辯證（這和進行道德評估無關）。這是提供方法讓人了解發生了什麼事，以及為何會發生這樣的事——換句話說，對法官來說，這是提供評斷的方式。

然而，法庭幾乎總是會低估這些條件。再說，法庭沒有真正去分析理解，反而對勞動階級的被告不利，而且就如同我們在本案例中所見到的，會以兩種方式發揮作用。首先，這名年輕人所屬的社會階層，或更確切地說，這個階層在法官心目中的代表意義，就他看來增加了嫌疑的可能：帶有高犯罪因子的麻煩城區形象可用來支持過去的輕罪和判定違法的紀錄，而非讓他能夠理解這個階層。其次，他能夠發揮的社交能力完全偏離了法官的標準和期待：他在法庭上出言不遜，不但讓法官感到不快，還讓法官認為他在警察面前也同樣出言不遜。社會學的研究很早便確立了這雙重的因果關係，用以說明在司法決策中所觀察到的重大分歧。[27]此外，在我們將這件訴訟和當天另一件既決案件對照時，因而產生的這些分歧和邏輯會更加顯而易見。

就在侮辱和反抗的案件後，法官實際上在審理一名學生被指控強暴並侵犯其女伴的案件。犯罪行為輕易地成立，一方面考量到因插入造成的傷口，醫生判定受害者有六天無法行動，另一方面，前述的侵犯已經導致後者因手指骨折而送醫，但這並沒有讓被告因控訴而受到拘留。這名中產階級的法籍少年居住在一般住宅區，由父母聘請的律師陪同，而父母親也出席了這場庭訊。他表達流暢，態度謙卑，否認最嚴重的罪行，但坦承後悔做出其他的行為，並承諾會改過。庭上的兒子也是學生，在兩名友人的陪同下觀看這場庭訊，比起先前的訴訟，展現出較沒有那麼不耐煩的態度。被告從容地自我表述，他的辯護詞異常冗長。這場庭訊進行的時間是慣常立即審判的兩倍多。在宣布被判六個月的監禁但緩期執行的判決時，少年的父母高聲慶賀，而受害者獨自坐在她的座位上，低著頭，似乎又更加難以承受。

因此，這是非常引人注目的發展，沒有好好回答並反抗警察的塞內加爾裔法籍年輕人因而受到控告，並因再次受到警察無動機地盤查和搜索而坐牢，而這名出身富裕家庭的學生被控一再進行身體和性侵犯，卻能和父母見面並返家。實際上可以請大家注意的是，法國刑法規定侮辱和反抗分別可判處六個月至十二個月的監禁刑罰，而性暴力應受到五年的監禁，在強姦的情況下可判處達十五年的制裁，甚至可能再加重，例如在本案例中，被告的行為已導致被害者受傷。[28]從法律規定的制裁角度來看，這相當驚人，兩個案例處置的方式不同，可輕易從兩名被告的社會階層差距，以及他們在庭訊時的社交能力差異來說明，這兩項因素主觀地讓法官對一名被告懷有敵意，但在面對另一名被告時卻展現寬容，而這在客觀的層面上則對犯行的評估和未來風險的評定產生影響。因此，以法律語言做出客觀的決策可避免社會認同的主觀部分，而法官被認為可以只為了共同的利益而做出中立的判決。

社會的不平等因而受到雙重的隱蔽：犯罪史形成的條件和司法評估的條件。像這樣不了解判處行為的社會層面，以及像這樣忽視判決的社會差異，是現代法律理論兩大原則的必然結果，而這兩大原則就是行為人的責任和刑罰的個人化。作為刑罰正義的這兩項因素密切相關：為了依法建立刑罰，有必要確立個人的責任，而刑罰的個人化則假設這樣的責任是由個人來承擔。

一方面，實際上不只該決定這個人是否因他確實犯下的行為而受到控告，也要從法律上定義的無責任訴訟來決定這個人是否能承擔法律上的責任。[29]然而，責任會超出這樣的法律框架：這包含道德層面，根據這樣的考量，人要對自己和他人負責；精神層面，意味著能夠承擔所做出的行為；以及哲學層面，和決定論的自由意願相反。懲處的基石，考量的既非判決行為的結構部分，也非狀況部分：在決定行為人的責任時，社會層面完全不受到重視。但另一方面，儘管這在理論上讓法官可以衡量被告的個人狀況，但刑罰的個人化，例如在法庭上的具體運作，往往會強調司法判決的差異，而這不只是因為在定義上會使每個案例都變得獨特，還特別因為訴訟時呈現的社會背景因素最常被作為起訴的原因。尤其是快速的社會調查，讓犯罪紀錄和各種筆錄變得完整，特別讓法官用來評估再犯的風險，或是在庭訊延期的情況下，作為證明的資料，而非依據如混亂的家庭史或艱難的生活條件而提供可減輕罪行的情節。[30] 而他們在法官面前自我介紹的方式往往更增添不好的印象，這些因素對屬於生活條件差且負有汙名階層的受控者來說非常不利：他們不穩定的社經情況和對他們的有罪推定導致法官做出較嚴厲的判決。在歷經立即審判時，拘押令是常態，不是以監禁判刑的名義，就是等候訴訟的臨時拘留。就這樣，責任的追究和刑罰個人化形成對判決應負責的個人的加重懲處，個人除了要對他過去所犯下的罪行負責，而且在有條件的未來，還要為可能再犯下的罪行負責。

但這樣的情況是一直如此，而且處處如此嗎？尼采對這個問題的回答是沒有這回事：[31]「這個概念今日觸及各個層面，而且看似如此自然，如此無可避免，為了解釋世上的法庭如何形成看法，必須要強調這個概念，我想說『罪犯應受到懲罰是因為他們本來可以不要這麼做』的概念事實上是一種人類非常晚熟，甚至非常精練的評斷和歸納的形式……在最漫長的人類史時期中，這絕對不是因為我們要讓為惡者為他的行為負責，所以我們懲罰他；因此，人們不承認的是，他們想要的不只是要讓罪犯受到懲罰。」懲處的存在就是一種對犯罪者的情緒反應，但這樣的「怒氣」會因為損害受到「補償」的概念而減輕。在過去或久遠的社會裡，如我們所知，對賠償的期待勝過於施加痛苦，責任的問題因而既非個人也非團體的觀念。正如伊凡・普理查（E. E. Evans-Pritchard）所寫的，儘管在過去整個氏族都致力於支付因違法而欠下的債務，但這並非「依據集體的責任，而是依據人對於親屬的社會義務」；殖民引進了這有異於傳統社會的原則，導致「如果有人被巫術殺死，他必須對罪行負起完全責任」。[32]此外，讓我們回想一下，在這類社會中，巫術並非無可避免地屬於惡意的範疇，但施行巫術者經常讓人受到傷害：這是一種不好的力量，能夠不顧行為者的意願而行動，行為者因而沒有責任。因此，這人類學上的轉折，暗示著在將行為與其行為者相連的因果關係確認，以及我們所了解的責任概念之間，並不存有必然或普遍的關係。前者在歷史上的發展是獨立在後者之外的。這是文化上的事實，我們可以同時依循哲學辯論和法律文本的演變。[33] 如我們所見，這是一項同時涉及法律、道德、心理學和哲學的事實，其共同點是它們都致力於讓個人為自己的行為負責。

就這樣，讓個人獨自面對他的行為，社會擺脫了自己在非法主義的社會生產和建造的責任，儘管我們將生產理解為有利於背景和情況的方法，並將建造理解為加以區分和抑制的手段。在社會空間的財富、資源和人口分布造成了輕罪和其他罪行的分化，這些輕罪和其他罪行的選擇性辨識和制裁具有不平等的刑罰分配性質，最終這些過程導向應受譴責的違法行為和應受懲罰對象的判定，而上述的原因不但受到忽略，還被否定。人們最終甚至告發那些令人想起這些基本事實的人。在法國，和輕罪與其他犯罪相關的社會過程分析通常被視為類似假定為「社會學託辭」的研究，而在美國則被視為「陰險的趨勢」，甚至是問題本身的基本要素。[34]社會科學因而被指控引發其所研究的混亂：想要了解就已經是在辯解，我們一再聽到這樣的話語。此外，這樣的罪名還穿越了慣常的思路：我們都是在政治光譜中聽到這樣的罪名。實際上這為權力機構帶來了雙重的利益：擺脫了社會的批評，並將其懲罰性政策合理化。

這樣的推論在社經差異加劇時期更加顯著。在法國和在美國一樣，人們實際上觀察到不平等的增長，法國的情況從一九九〇年代開始，美國則從一九七〇年代開始，以一種極快速的節奏增長。[35]在法國的二〇〇二年至二〇一二年間，最貧窮的一〇%人口的平均生活水準降低了六．二%，而最富有的一〇%人口則成長了一一．八%，這兩者之間的比例從六變成七．二。同一時期，監禁人口膨脹了五二%，而殺人罪的數量繼續自一九八〇年代開始的衰退。在美國的一九七九至二〇一三年間，最貧窮的二十%人口的收入增加了三九%，但其人口的成長率為一八七%，而最富有人口則成長了一%。在同樣這幾年裡，被拘留人數上升了八〇〇%，而犯罪率則減少了三分之一。因此，這兩種模式不管是時間上的差距還是接近的密度差異，都非常類似。從美國的經驗中，華康德（Loïc Wacquant）就這樣看到了一種「新自由主義未來的現行實驗室」，可用來了解法國的情況，並進一步延伸至歐洲的情況，即每一次社會不安全感的發展總是伴隨著監禁的手段控制。[36]努力否決和這各種現象相關的解讀只會讓人更加混亂。實際上這是不平等擴張的時刻，監獄裡人滿為患，犯罪率下降，監獄人口的社會經濟和民族種族組成中出現了極端的分化，而人們用最大的力量在違法委員會中鍛造個人的責任感，並最強烈地對犯罪和懲處的社會層面提出質疑。我們要如何說明這明顯的矛盾？

或許應將這詮釋為對現實的否定，在這層意義上，精神分析學家會使用這樣的公式，即無法接受權利喪失這件事。儘管實際上已經證實，越是在不顧犯罪演變的情況下進行懲罰，對違法行為的處分就越不會依據其嚴重程度，而是依據犯罪者的身分背景去挑選被制裁的人，結果往往是將社會經濟層面最弱勢，或是因民族種族而最邊緣的人口監禁起來，最終這整個過程會在中期造成社會的不安定，並在長期造成社會更加分裂，因此我們猜想這樣的揭露對現代的民主政治來說會有多麼令人難以忍受。相較之下，我們了解「每名被判刑者為自己的行為負責，他們應受到懲處，即使是特別嚴厲的處分，刑罰機構因此而保護市民的安全」這樣的概念是較能令人接受的。第二個版本肯定在道德層面上比第一個版本更令人滿意。為了理解對個人產生影響的心理衝突，因而借助否定現實的精神分析用語來描述社會現象的做法，不容置疑。然而，佛洛依德的社會無意識和涂爾幹的集體意識等概念，都已不復存在。

仰賴這個詞彙，我想簡單地提出大多數人是以第二種版本的理想主義和懲罰性觀點來看待犯罪和懲處，而非第一種版本現實主義和混亂的用語，其中也包括法官，他們真心相信他們以為的就是公平的秩序。相反地，我較不相信政治領導人，而是會試圖在這許多案例中，分析他們在沙特的「錯信」（mauvaise foi）或缺乏傅柯的「真理的勇氣」等用語中的立場，在這樣的範圍內，他們掌握思考這些問題的精確要素，經常偏好使用這些要素作為選舉的目的。但這大概就是刑罰民粹主義成功的關鍵之一：當對安全的擔憂碰上政治工具，當假定的常理碰上合理的利益，當信念碰上犬儒主義，所有因素的界線仍不明確且變幻不定，但其共同點是避免客觀對照我們所能提供的事實和嚴苛詮釋。真實世界與提出表述之間形成的差距，就是班納德・赫考特（Bernard Harcourt）所稱的「幻象」。[37]在這種情況下，現代懲罰的幻象就在於人們聲稱的公正刑罰的理想，以及人們拒絕看見的刑罰分配不平等的事實之間的差距。

一項著名的事實可用來顯示這樣的差距：懲處超越刑罰和行為者的延伸。將最大量的個人納入刑罰人口統計，以及對他們宣判的刑罰加重，實際上帶來了遠超越履行制裁的影響，而且是在兩種層次上造成影響：首先是對被判刑者本身；其次是對他們的家人，並進一步延伸至他們的團體。[38]被判刑者，尤其是涉及監禁刑罰時，往往會失去他的工作，歷經艱辛後才能再找到工作，而且永遠被某些職業所排除；如果是外國人，可能在更新居留證或取得其接受國國籍時會碰到困難；在美國，往往會喪失申請社會補助和社會住宅的權利，有時是投票權，一種涉及將近六百萬人的公民權剝奪。至於犯人的家庭則因為失去這位往往是主要收入來源的家人、通勤至監獄探訪所花費的時間和金錢、累積的行政負擔等，而受到重大的動蕩；特別是對他們的伴侶來說，不僅工作和責任倍增，也增加了對父母親的依賴，有時會因無法支付租金而離開住處，而且始終難以忍受緊繃的情緒；對孩子來說，家庭結構的破壞和心理創傷會表現在學業表現的低落、放棄學習、參與輕罪；在美國，整體監禁率最高的區域，就是城市暴力和平行經濟*發展最興盛的地方。在接連的循環下，社會的各種層面就這樣受到這些有害效應的影響。

二〇一五年七月十六日，似乎是美國總統巴拉克・歐巴馬（Barack Obama）首次探訪監獄機構，他在視察監獄並遇見六名犯人後，在記者和相關工作人員面前臨時發表簡短的演說。[39]有人問他在探訪期間印象最深刻的是什麼，他回答是和犯人的談話。「當他們在描述他們的青少年和童年時期時，這些人犯下的錯誤和我及你們當中的許多人犯下的錯誤極為不同。不同之處在於他們沒有支持的結構、第二次機會、讓他們能夠超越這些錯誤的資源。」他繼續表示，青少年犯錯是很正常的事，但這麼多青少年最終被送進監獄就很不正常了。他做出這樣的結論：「這是令我感到震撼的——多虧上帝開恩（There but for the grace of God）（坐牢的原本可能是我）。」我認為這番話已經不只是承認社會的不公平奠基在懲罰實務上。這動搖了可能是懲處最看不見的基礎，也就是他推測的相異性（他性）關係。在審判的人和被審判的人之間（前者可能是法官、警察、政治人物或一般市民）建立起一種極端的距離，這一直是道德上的距離，畢竟這涉及犯罪，但往往也是社會上的距離，因為嫌犯或被告來自其他階級或血統。這樣的他者化**允許了優越感、缺乏彈性，有時甚至是殘

* économie parallèle，類似地下經濟。

** 法文為altérisation，英文為othering，他者化。在現象學中，他者是自我意識建立的一種意向，他者擁有的特性稱為他性或他者性，將某個客體賦予他性，便稱為他者化。

忍的存在。就是他者化讓懲罰時刻得以到來。這名總統的覺醒更加凸顯了這樣的考驗。

×××

懲處的標準理論基本上忽略了其應用的問題，尤其是其分配的問題。這一切的發生就像是無知的面紗讓立法者和法官——通常唯一有資格進行懲罰者——得以不顧成見或利益而決定制裁違法行為和宣判刑罰。由於判決是公正的，將依比例進行應用和公平的分配。而針對事實進行的研究顯示，人們認為應當的狀況和實際上的狀況之間存有差距，我們對此毫不意外。然而這和單純的傳聞或個人變化無關，和國會議員的心情或法官的性格無關，而是涉及以系統化且趨於一致的方式觀察到的事實。統計資料建立起規則性。民族誌研究更闡明了這樣的詮釋。

人們定義為違法的行為界線，以及人們優先制裁的違法行為，不只是和這些行為的嚴重程度有關，也和人們想懲罰的民眾有關。在鎮壓變本加厲時，更加強了這對違法行為及其行為者的分化。懲罰的壓力增強實際上伴隨著受懲罰的可疑行為光譜的擴大，這不只是讓制裁的數量成長，也將制裁導向某些民眾。然而，這些制裁並不限於刑罰的時間和被判刑者身上。它們的延伸已超越了刑罰的目的，並擴及到被判刑者的家人和身邊的人。因此，應受懲罰人口的定義一方面排除了人們不願其受到懲處恥辱的罪犯，另一方面卻又包含了人們不能或不願讓其擺脫被判刑的道德汙染的無辜者。懲處的分配因而加劇並促使社會差異永遠流傳下去，以不當的方式影響最弱勢的階層，而他們目前的生活條件往往也是承襲自獨特的歷史狀況，例如奴役、殖民或移民。這就是說，懲處的問題不只是屬於司法的理想主義理論。它必定也屬於平等的現實主義理論，讓這個社會對自己的過去和現在負責。

CONCLUSION

結論

對懲處的重新思考

REPENSER LE CHÂTIMENT

「某些我們特有的習俗，經來自不同社會旁觀者的端詳，在他們看來這就如同我們認為吃人肉對文明的概念來說很奇怪一樣。我會想到我們的司法和監禁慣例。」李維史陀（Claude Lévi-Strauss）在《憂鬱的熱帶》（*Tristes Tropiques*）的最後如此寫道。[1]「在大多數我們稱為原始的社會裡，」他繼續寫道，我們將以危險著稱的個人驅逐出「社會體，暫時或永久將他們孤立，不和人類接觸，待在作為這項用途的機構裡」的方式肯定會激發「深層的恐懼」，以至於「在他們的眼中，這和我們試圖要怪罪在他們身上是同樣野蠻的行為」。以北美大平原的印第安人為例，他們「從不認為對罪犯的懲處應轉變成社會關係的決裂」。這個文本在一九五五年編纂，當年法國的監禁人口達最低點。

如果這名人類學家在六十年後才撰寫這份文本，他大概會更加混亂，因為這時法國的囚犯人數已超過三倍，而且到達比美國還高十倍的境界。而且為了動搖我們對道德的確信，他這次甚至可能想像他虛構的旁觀者自問人們對其仇敵所能施加的最殘酷處分是什麼：在沙漠中將他們戲劇性地斬首並拍成影片，這通常會被視為野蠻的極點，或是不加控告的無限期拘留，伴隨著所謂不人道且羞辱的對待，形式包括毒打、坐水凳、剝奪睡眠、強迫餵食、性屈辱。為了合理化他大膽的對照，他還能夠確切指出，上演對某些人的處決，就是對他人折磨做法的恐怖模仿，受害者穿上了同樣的橙色囚服。然而，李維史陀並非挑釁者，而他的文化相對主義也不會對他的道德普遍主義造成阻礙。他是啟蒙時代的繼承人，認為人類學能夠為和他當代的人帶來一些益處，並對他們對其他人的成見及他們為了自己而利用的事實提出疑問。詢問某些人事實，並詢問某些人關於我們社會視為理所當然的概念，讓「我們道德規範的價值」受到批判性的審查，就如同尼采所寫的：[2]這也是我想著手進行的，對定義並合理化懲處的理論提出新的看法，並擴大其觀點，以闡明它們較不被納入考量的層面。

讓我們概述這項調查的主要結論。首先，我們所謂犯罪和懲處間締造的關係遭遇到許多的例外：並非所有的犯罪都被認為應受到懲處，也並非所有的懲處都能制裁罪行或甚至是犯罪嫌疑。第二，復仇和懲處之間假定的區分經常證實很難在事實中生效——比較像是針對行為或決定合理化或不合理化的論據。第三，施加痛苦或相等形式的應受刑罰就是未必總是存在的制裁要素本身：這表示在歷史上的債務情感經濟轉移至懲處的道德經濟，並從補償邏輯轉移至懲罰的邏輯，作為違反規範或法律的回應。第四，將懲罰行為合理化的功利主義與報復主義之間的抉擇更能說明理想的憧憬，而非實踐的現實：警察提出的合理化辯證和從外部觀點展開的詮釋，暗示著各種複雜且遠離典範的主客觀理由。第五，由規範性學科和社會科學發展出的理性方法讓情感和衝動兩個層面尚未受到探索——面對違法行為的憤怒和施行制裁的喜悅，構成了懲處隱蔽的一面。第六，制裁的分配來自雙重的分化影響，一是依據其行為者推斷的社會品質而定的違反法律分化，另一則是依據其推斷行為者的社會品質而定的審判法庭分化：就像所有可能會受到制裁的違法行為，我們因此區分出注定要受到懲罰的族群，而刑罰的分配就這樣反映並加強了社會的差異。第七，在犯罪委員會上確認個人的責任，和對社會層面的否定同時並行，並隨著不平等的增長而使這樣的程序成為必要：在犯罪的形成與懲處的安排中形成的社會邏輯越是意味深長，就越不受法官、政治人物及社會所認可。

這些理論命題，尤其是應用在歷史、哲學、人類學和社會學性質的資料，對每一個領域來說，當然都需要精練和適度調整。但若一起考量，它們對於「懲罰」在現代社會的地位和意義已拋去了批判性思考的基礎，而這是系譜學和人類學讓我們了解到的。它們對某些道德哲學與司法理論的基礎前提進行驗證。儘管這並非否定這些方法在建立懲罰行為的規範性原則時的相關性，但我們也不能反而忽略其中的風險——知識上和政治上——原本應滿足這樣的情況：理想的懲罰形式絕無法拿來和具體的懲處表現相比較，甚至會讓後者受人忽略或難以想像。如果我們接受一項定義，卻不承認它避開了其限定範圍內現象的大部分現實；如果我們遵循某些合理化辯證，卻沒有看到它們幾乎沒有在公共議題、法規制定和法官的決定上發揮作用；最後，如果我們只是聲稱法律同樣地適用於每一個人，卻沒有考量到懲罰分配的不平等需要特別的理論研究，那麼，在運用可能為進步主義的方法來決定懲罰的規則時會存有危險，因為事實上這樣的方法無法用來維持法律秩序、道德秩序，最終也包括社會秩序。

相反地，此處提出的另一種解讀在於對懲處的基礎提出質疑：用什麼來定義、如何加以合理化、用什麼方式進行分配——以及相對的懲處從何而來，我們如何管理，而罪犯又因何種罪名而必須被施以何種懲處。這種方法及其所能達成的結論建立在經驗的調查上，但卻通往理論的主張。我們可以認為這些主張不符合目前的擔憂、人民的焦慮和期待、政治人物所面臨的挑戰、警察與法官遭遇的情況——最終是懲罰的時刻所提出的問題，而本著作就是從懲罰的時刻開始的。就這方面，我們可以猜想人們可能會對我提出三種批評：異中求同、精英主義和不合邏輯——但我們從來就不會忘記提出批判性理論。首先，這樣的批評忽略了輕罪與犯罪現象的重要性，忽略了它們對社會，尤其是對受害者造成的有害影響，以及為這些問題提供回應的公權力的必要性。其次，這將導致腦力工作相對優越和優先於假設透過意見調查表達的人民需求，要求立法方更加嚴厲，審判時少一點寬容，在執行刑罰時更加嚴峻。最後，這樣的批評終究會退回到其舒適的狀態，因為它省去了解釋應該要怎麼做的麻煩，換句話說，就是如何同時改革懲處，而又能使犯罪率下降。

關於這每一項保留意見，我想提供一個簡短的回應要素。首先，懲處的批判性理論並沒有低估犯罪以各種形式存在並對社會造成混亂的事實。但這依舊令人質疑我們稱之為違法行為的標準，質疑為何我們對某些人顯現寬容、對某些人卻不寬容，不管其對公共利益的影響為何，並對應懲罰行為範圍的無限延伸結果感到質疑，尤其當這只是無意義地定義出應受懲罰的人口範圍。其次，對於和市民相關的決定，懲處的批判性理論不會低估市民對其期待的重要性。然而，這樣的理論也認為，在民調方法的嚴苛構成問題，以及不論如何我們都知道現實不穩定等基礎上，輿論的請求最常被用來合理化並鼓勵刑罰的民粹主義，而非用來推動民主的方案。最後，懲處的批判性理論既沒有逃避，也沒有排除對問題採取行動的可能，因此採取的是規範性的姿態。儘管如此，這意味著對通常被視為理所當然的事提出質疑，儘管我們可能會對事實感到失望，但這仍是各種思考的先決條件，讓我們在政策和實務的轉化後去思考什麼是必須要做的，而什麼是已經做到的。而且我覺得這三點是有部分相關的。

刑罰和監獄改革的主張並不少見。在有紀錄的觀察報告和明智的建議中充斥著議會的使命、獨立的權力機構、共識會議*、犯罪專家和人權協會的關係。我的言論並不是要為公共行動（action publique）的單調文獻可觀而必要的典籍增加分量，而是為了突破許多積非成是的觀點，這些觀點讓社會機制無限擴張，現代社會就仰賴這樣的機制去回應其道德或法律秩序最多變的紛亂，彷彿若缺乏想像力或勇氣，這些社會就無法再構思出其他的機制。

哲學家與法學家所說的懲罰就是修正罪惡、修復損害、改造罪犯、保護社會。因此，懲處最終的合法性就是在受指控的犯行威脅到社會時，恢復社會秩

*共識會議（或稱公民會議）是由丹麥發展而來的民主參與模式，目的是希望讓社會大眾參與公共政策的理性辯論，以不具專業知識的公眾為主，針對有爭議的政策事前閱讀相關資料並做出討論，設定想要探知的問題，並邀請數位不同立場的專家進行詢問，進而對問題進行理性溝通，最後將形成的共識觀點寫成正式報告，向社會大眾公布，並進一步作為政策決策時的參考。

序。然而，如果懲處並非我們所說的那樣，如果它沒有經由我們相信的理由加以合理化，如果它有利於違法行為的再犯，如果它是依罪犯的身分而非違法行為的嚴重性而進行制裁，如果它首先是以預先定義為應受懲罰的族群為目標，而且如果它會導致差異的形成和重現，那麼這是不是反而對社會秩序造成了威脅？而在這種情況下，我們難道不該重新思考，不只是哲學和法律的理想語言，也包括——而且尤其是——社會不平等和政治暴力等令人不安的事實？

結論：對懲處的重新思考

1.在對《憂鬱的熱帶》（1955：445-449）做出結論的省思中，李維史陀想闡明跨越民族誌學界觀點的緊繃關係：「對內批評，對外順從」，即對自身社會感到不滿足，但對他研究的社會卻感到贊同。

2.在《論道德的系譜》（1993 [1887]：773）的前言中，尼采陳述「這新的要求：我們需要對道德價值的批判，而且首先必須先對這些價值的價值提出疑問」。

擴張「滿足三項相關的功能」，對應到三種社會空間等級：「最低階級」，這是「工人階級多餘人員的實際集中管理與失能」；接著是「較高的階級」，這是「將紀律強加在去社會化的受雇者身上，包括無產階級的上層部分，以及中產階級沒落和缺乏安全感的階層」；最後是「整體社會」，這是「國家權威的再度確認，政治精英重拾意願以突出並尊重優秀市民與偏差團體：窮人中的『好人』和『壞人』之間的神聖疆界」。

37.這是關於我研究現象的重要案例，即「破窗」理論的「虛假諾言」，為美國及海外數十年來的警方鎮壓實務提供定位，班納德．赫考特（2006 [2001]）也使用這樣的詞彙。

38.對美國來說，我們可以閱讀梅根．康福（Megan Comfort）關於監禁對伴侶及家人影響的分析（2007），以及傑佛瑞．莫爾諾夫和大衛．哈定（Jeffrey Morenoff et David Harding）關於其更廣泛地對當地環境影響結果的分析（2014）。

39.白宮，〈總統探視艾爾里諾聯邦監獄後評論〉（Remarks by the President after visit at El Reno Federal Correctional Institution），2015年7月16日，<https://www.whitehouse.gov/the-press-office/2015/07/16/remarks-pres-ident-after-visit-el-reno-federal-correctional-institution>。

禦」學派。

34.重要的政治人物語錄集，法國主要為總理里昂內爾・喬斯潘（Lionel Jospin）和司法部長伊莉莎白・吉古（Élisabeth Guigou），美國則是兩名總統，即隆納・雷根（Ronald Reagan）和喬治・布希（George W. Bush），我們可參考<www.homme-moderne.org/societe/socio/wacquant/excuses.html.>。此後，另一名總理曼努埃爾·瓦爾斯（Manuel Valls）便使用這樣的口號：「解釋就已經是想原諒」，可參考<www.lemonde.fr/societe/article/2016/03/03/terrorisme-la-cinglante-reponse-des-sciences-sociales-a-manuel-valls_4875959_3224.html>。

35.關於這些不平等的演變的整體分析，參考著作來自湯瑪斯・皮凱提（Thomas Piketty, 2013）。至於美國，提出的數據來自美國預算與政策優先事項中心（Center on Budget and Policy Priorities）的統計：<www.cbpp.org/research/poverty-and-inequality/a-guide-to-statistics-on-historical-trends-in-income-inequality>。法國的說明數字則來自從法國國家統計與經濟研究所的資料開始的法國不平等觀測站（Observatoire des inégalités）：< www.inegalites.fr/spip.php?page=article & id_article = 632 & id_groupe = 9 & id_mot = 130 & id_rubrique = 1>。

36.根據洛伊克・華康德（Loïc Wacquant, 2004: 16-17）表示，監獄的

Guardian, 2016年6月27日。

29.普通法（common law）的裁判權尤其是這種情況，為了確認罪行並將制裁合理化，這個犯下罪行的人必須被認定應為此負責，換句話說，他是蓄意而為：應受指責的行為actus reus（犯罪行為），只有在伴隨著履行的意圖mens rea（犯罪意識）才會被定罪，這原則上排除了在做出違法行為時缺乏判斷能力者的懲處。

30.刑罰個人化在19世紀末由雷蒙·薩萊耶（Raymond Saleilles, 1927 [1899]）理論化。快速的社會調查建立在通常由一位協會的心理學家進行的訪談上，並將報告呈交法庭（Makaremi, 2013）。

31.尼采提出的比較（1993 [1887]: 808）既驚人又具有啟發性：「我們今日還是比較像父母處罰小孩一樣進行懲罰，受到因損害所激發的怒氣所驅使，並施加在造成損害的人身上。」

32.阿贊德人的社會對殺人反應的詮釋不同於一般的社會，尼采如此描述：「比起恭順地履行義務和利益的來源，復仇似乎較不是怒氣和仇恨的結果。」（伊凡·普理查，1972 [1937]：59）

33.決定論和自由意志之間的經典比較一直以來都主宰了這些討論，但自超過半世紀以來，許多人嘗試超越這樣的比較，理論層面從彼得·史卓生（Peter Strawson, 1962）關於「自由與憤恨」的論文開始，而實務層面則是馬克·安賽爾（Marc Ancel, 1954）的「新社會防上，尤其是自亞倫·西庫里爾（Aaron Cicourel, 1967）關於少數族群正義的研究以來，其他則較關注在面對司法機關時的表現，尤其是在馬克·加龍戴（Marc Galanter, 1974）的研究之後。

28.這個案例令人聯想到某件在美國及其他國家司法上令人議論紛紛的訴訟，2016年6月，一名史丹福的白人學生被證實犯下強姦一名無意識少女的罪行，他是游泳冠軍，在協議放棄兩項強姦控訴的罪狀後，他被判6個月的有期徒刑，緩刑3年。幾星期後，又有人犯下強姦罪，這次犯罪的是薩爾瓦多的移民青年，他的英文口語能力不好，需要口譯陪他上法庭，同一名法官則宣判3年的有期徒刑，這次沒有緩刑。在這兩個案例中，涉案者都是沒有案底的人。前者被以misdemeanor（微不足道的輕罪）對待，後者則被以felony（重罪）處置，而這也展現在執行刑罰地點的差異：前者被關在用來監禁年輕輕罪犯的縣立監獄（county jail），後者被關在監禁判刑重罪犯的州立監獄（state prison）。兩種性質極為不同的論據在辯論中進行交流：一種涉及種族偏見，展現在案例的處置差異上（法官對那名學生及其家人感到同情，但對被孤立的移民青年卻沒有同樣的同理心），另一種則著重在刑罰嚴厲性的合理化（以施加痛苦作為對受害者忍受痛苦的回應）。大眾並未對3年的重刑牢獄感到震驚，卻對6個月的輕罪監禁徒刑感到意外。可參考Sam Levin, «Stanford trial judge overseeing much harder sentence for similar assault case», *The*

所有差異管理已成為這些統治機制的一部分。」（Foucault, 1975: 317）

23.尼可拉．埃爾潘（Nicolas Herpin, 1977）以400件輕罪訴訟的觀察為基礎，一直以來都做出「兩種重量，兩種措施」的評定。幾年後，由布魯諾安布森．卡瓦雷對幾十萬件判刑案例進行的統計研究，證明在犯下同樣輕罪的情況下，無業者較雇主更容易被宣判有期徒刑，後者通常會被處以罰金，而工人和雇員則占據中間位置。

24.臨時拘押追蹤委員會（Commission de suivi de la détention provisoire）每年會製作一份報告，審查其實行的模式：<www.justice.gouv.fr/art_pix/rapport_csdp_2013.pdf>。

25.如同以利亞．安德森（Elijah Anderson, 1999: 110）所寫的費城（Philadelphie）貧民區，其主要的居民為黑人，而為了了解其中的問題和他們所遭遇到的「惡」，應「同時以結構和文化的觀點去著手」。

26.約翰．阿倫．李（John Alan Lee, 1981: 53-54）在分析警方對少數族群採取的行動時，不論是什麼樣的族群，他形容他們是「警方的財產」，也就是說，他們是「警方經社會授權，可以在他們身上施行高等權力的人種」。亦可參考埃里克森（Ericson, 1982: 139）。

27.司法行政的不平等引發不少研究，有些較專注在伸張正義的活動

cannabis-en-europe.html>。

19.受試者一生至少吸食過大麻一次，而固定吸食者則是每月至少吸食兩次（Beck, Richard, Guignard, Le Nézet et Spilka, 2015）。

20.如同我在對巴黎區警方調查期間所能觀察到的，即使警察已經看到學生團體吸食毒品，他們認為他們的角色並非是去加以盤查和搜索，甚至是逮捕，而是要保護他們免於受到可能的侵害，因為以他們的身分，可能會受到所謂城區年輕人的掠奪，而後者才是實際上唯一會受到如此搜查的目標（Fassin, 2014）。

21.這些數字符合判刑的最新統計：8,755名的單純吸食者，其中3,309人被判平均5.1個月的有期徒刑；10,407名持有者，其中5,581人被判平均10.7個月的有期徒刑。只因單純吸食而違法入獄服刑的確實只有1,242人，平均判刑2.1個月。但和警方的互動往往會發現少量的隱藏物品，或是產生其他的違法行為，甚至是挑動他們產生違法行為，在使用刑罰的分析上，這讓我們可以更適切地考量8,890個因使用或持有毒品的判刑。這個數據可以和123,000件入獄服刑的判決相連，包括所有的罪行和輕罪：<www.justice.gouv.fr/art_pix/stat_condamnations_2014.pdf>。

22.他補充：「儘管我們可以討論階級正義，但這不只是因為法律本身或應用的方式有利於某階級的利益，也是因為刑罰中介非法主義的

15.為了證實這所機構的新進人員中不存有明顯的偏差，我比較了當地和法國監獄整體資料關於國籍的可用變數：外國人分別占24%和19%；在他們當中，來自非洲大陸的人分別占55%和54%。所觀察到的微小差異顯示，拘留所的人口和國家的監禁人口幾乎沒有差別。

16.社會學使用「道德恐慌」的表達來說明人民、媒體——而且經常包含政治人物——對於著名新現象對社會引發嚴重問題的極激烈反應。根據斯坦利·科恩（Stanley Cohen, 2002 [1972]: xxvi-xxvii）表示，這種表達結合了5項要素：它會引發擔憂、對推定的負責人產生敵意、導致民眾一致認為很嚴重且必須採取緊急行動、和客觀評估的狀況事實相較下似乎不成比例，最後證實這樣的表達很不可靠，可能會像它被創造出來的速度一樣快速消失。在其最新版的著作中，他舉假設威脅到整個或部分社會的各種危險的反應為例：流氓的暴力、難民的入侵、牽連孩童的惡魔儀式、單親媽媽濫用社會保障，當然在使用迷幻藥的情況下，還包括毒品的損害。

17.說明的資料來自艾瓦娜·奧巴多維（Ivana Obradovic, 2012）關於毒品使用刑罰的文章，並以2014年司法部判刑的報告統計作為補充：<www.justice.gouv.fr/art_pix/stat_condamnations_2014.pdf>。

18.歐洲少數會因吸食大麻而受到懲罰的國家，除了法國、瑞典、芬蘭以外，在某些條件下，還包括比利時（集體吸食）和西班牙（公開吸食）：<www.touteleurope.eu/actualite/les-legislations-sur-le-

況」（Compte général de l'administration de la justice criminelle）系列。

11.在「各國政府刑罰嚴厲性」（De la sévérité des peines dans les divers gouvernements）（孟德斯鳩，1995 [1748]：第一部，第四卷，第九章）的章節中。這當然很諷刺，這本著作以匿名方式出版，就是為了逃避審查。

12.這兩種層面息息相關，就如同布魯斯．韋斯特提出的數據和分析所顯示的（2006:11-33）。

13.在由大衛．葛蘭主導的集體著作引言中（2001），他說明「大規模監禁」（mass imprisonment）現象和監獄人口前所未有的增長有關，並將這樣的演變聚焦在貧窮的少數族群上。

14.1970年代末期，監獄人口稍微超出了30,000人（Barré, 1986）。2000年代初期，監獄人口漸漸超過50,000人，但一直到2007年的總統選舉才開始加速成長，犯人的數量這時超過60,000人（Kensey, 2010）。在2009年的普查資料中，犯人中有30%的父親和20%的母親出生在非洲大陸；相較於一般人口中的21%，犯人中有51%在家中至少有一部分時間是講法語以外的語言：Insee, «L'histoire familiale des hommes détenus», *Synthèses*, 第59號，2002年1月，<https://www.epsilon.insee.fr/jspui/bitstream/1/15814/1/synth_59.pdf>。

10日）。

6.2000至2009年期間的違反毒品法判刑資料節錄自歐蒂·鄧巴的文章，而1999至2008年違反經濟和財政法判刑的資料則來自蒂埃里·戈德肖（Thierry Godechot）的摘錄：「經濟和財政輕罪是否正在消失中？」，<www.laurent-mucchielli.org/public/La_delinquance_economique_et_financiere.pdf>。財政非法主義的差異化管理分析可參考亞歷士·史畢爾（Alexis Spire, 2012）的著作。

7.在《拉封丹寓言》（*la fable de La Fontaine*）中，「因鼠疫而生病的動物」，驢子因為小過失而被處死，而獅子、狼和幾種「其他權力動物」則很巧妙地為自己的重罪辯解；而就如同我們所知道的，最後「他們大聲痛罵驢子」。

8.私下冒犯首領和公開冒犯首領的違法行為是不同的：前者的解決方式是賠償，後者會導致從奴役到絞刑等懲處（Kandert, 1978:522）。

9.法學家的文本也是朝同一方向前進。例如馬瓦爾迪（Al-Marwadi）表示：「和生活艱辛且不講究的人相較下，對那些上流階級的體面人士所施加的矯正手段最不嚴厲。」伊本·阿巴登（Ibn Abdūn）也提到那些出身高貴的人：「對他們來說，指責比身體上的懲處更加痛苦。」（Rodríguez Medrano, 1996:615）

10.米雪·貝羅的研究（1975:79-80）尤其仰賴漫長的「刑事司法概

（Citigroup）、摩根大通（J.P. Morgan Chase）和蘇格蘭皇家銀行（Royal Bank of Scotland）。協商的金額為42.5億美元。這些銀行裡沒有一位負責人受到起訴。可參考Ben Protess et Michael Corkery, «Five big banks expected to plead guilty to felony charges, but punishment may be tempered», 《紐約時報》，2015年5月13日。

5. 在前總統的案例中，在所謂貝登古（Bettencourt）的事件開始後8年，沒有進行任何的訴訟，甚至似乎連宣告都沒有，儘管有以「趁人之危」的名義受到指控（Samuel Laurent, «Si vous n'avez rien suivi à l'affaire Bettencourt», *Le Monde*, 2015年1月20日）。這份檔案可作為其他與選舉活動隱匿而非法的資金相關的檔案補充，並因而公開相關的司法資料：「行賄和受賄」、「濫用公款」、「權力尋租」、「偽造文書與詐欺背信」、「洗錢、同謀和窩藏罪行」，但卻沒有定下任何的訴訟日期（Les Décodeurs, «Écoutes:pourquoi Nicolas Sarkozy est-il poursuivi?», *Le Monde*,2016年3月22日）。而在前部長的案例中，在事件曝光後3年，即2016年2月訴訟開始，符合憲法的優先問題審查讓人得以考量，稅收調整的清算相當於金額250萬歐元的行政制裁，因此要避免受到刑罰可達七年有期徒刑的逃漏稅罪名起訴。因此，唯有「虛假地陳述」沒有收到海外銀行帳戶的通知，指控才能繼續存在，而訴訟最終在2016年9月進行（Renaud Lecadre, «Pourquoi le procès Cahuzac est reporté à septembre», *Libération*, 2016年2月

第三章：懲罰的是誰？

1.內戰是「持久的狀態，從這樣的狀態出發，我們可以了解也必須了解某些抗戰的策略，其中刑罰就是享有特權的範例」（Foucault, 2013: 15）。我們不該忽略傅柯在1972年發表這些演說的背景：幾間監獄的犯人暴動，往往受到嚴厲的鎮壓。而且我們知道，他對於這項行動的參與主要是透過監獄信息小組（GIP, Groupe d'information sur les prisons），這個組織由尚．瑪利．多梅納（Jean-Marie Domenach）和皮耶．維達納蓋（Pierre Vidal-Naquet）於1971年創立。

2.根據涂爾幹（1996 [1893]: 47-48）表示，「當我們在對違法的對象加以譴責時，」我們便已弄錯了輕罪的性質，因為一旦接受了這樣的定義，「人們接下來就會對這違法行為的組成感到非常困惑。」因此，他認為我們應該反向思考，認為是刑罰決定了輕罪。

3.課程名為「道德義務理論與一般的道德義務」（Théorie des obligations morales et de l'obligation morale en général），而且包含制裁的統計分析，涂爾幹希望他的學生們能加以延伸，而且不像牟斯（Mauss, 1969 [1925]: 479）所下的結論：「沒有堅決主張。」

4.五間銀行為瑞銀（UBS）、巴克萊（Barclays）、花旗上，臉色發紫，面容扭曲，因為凝血功能有問題而浸泡在自己的血液中。在接下來的幾天和幾星期裡，法庭的網站有數百萬人次瀏覽，導致資訊服務癱瘓兩次。然而，令這名法官出乎意料的是，大部分網友在看到這景象後感到滿意，其中數千人寫下祝賀佛羅里達州以這樣的方式處死這名殺人犯的字眼，其他人則詢問是否也有他臨終時刻的影片，有些人甚至提議使用這些照片作為壁紙（Lynch, 2000）。

23.有無數的範例來源，包括Kate Shatzkin, «Judges are resorting to shame in sentencing criminals», *Los Angeles Times*, 1998年4月26日； Dean Murphy, «Justice as Morality Play That Ends with Shame», 《紐約時報》，2001年6月3日； Jonathan Turley, «Shaming undermines justice», *USA Today*, 2009年11月17日。小說《紅字》於1850年出版，但它的故事是以1640年代的波士頓清教徒為背景。

24.喬治．巴塔耶這個野心勃勃但陰暗的論點在於：社會不是缺乏惡，而是惡過多的狀態，而這樣的過多會導致損害，不論是出自好戰還是賣弄的損害，都證實了邪惡的生命力。以這個他認為適用於物質經濟的論點出發，我考量的是這次適用於情感和衝動經濟的過多概念，尤其是引發犯罪的憤怒和懲處所帶來的喜悅。

權利問題確實在美國幾乎不存在，但這在歐洲卻占據了很重要的位置，有如歐洲監獄法規參考的文本，也有如歐洲人權法院的檢查機關，或是像在法國設有監禁處所之監察長（Contrôleur général des lieux de privation de liberté）。關於懲罰性隔離，或者說「**單獨監禁**」（solitary confinement）這特定的主題，莎朗·沙爾夫（Sharon Shalev, 2015）以同樣的方向比較了美國和歐洲的實務。在意識到美國和歐洲之間存有這樣的差異後，尼可拉·拉西（Nicola Lacey, 2008）指出國家之間也有「敏感度」上的差距，比起英國，德國對監獄條件顯現出更認真的態度。

20.不同的國家之間確實存有差異，不同的監獄機構之間也有差異，就如同艾莉森·林布林（Alison Liebling, 2011）對英國的描寫：「關於監獄生活精神品質的實驗研究顯示，某些監獄較其他監獄適合居住。」（英文的用詞為survivable，容易存活）

21.這指的分別是*To Catch a Predator*（在被獵捕的嫌犯之一自殺或形成訴訟後中止）和*Lockup 360*兩個節目；可參考<www.nbcnews.com/id/10912603/from/ET/>和<www.msnbc.com/lockup>.

22.在1999年阿倫·李·戴維斯（Allen Lee Davis）被以電刑處死後，反對死刑的一名佛羅里達州最高法院的法官決定為了這個目的在網路上公開照片，他解釋，這是為了展現這種死亡方式的恐怖。在這名犯人的檔案中，他體重超過150公斤並受疾病所苦，他看起來被綁在椅子

豹黨（Black Panther）成員，他被監禁了42年，終於在2016年被釋放——馬爾克·博曼（Marc Berman）：「艾伯特·伍德福克斯（Albert Woodfox），這『安哥拉三囚』（Angola 3）的最後一名囚犯在被單獨監禁超過40年後被釋放。」《華盛頓郵報》（*The Washington Post*），2016年2月19日。關於折磨的創新方法，我們可以從雀兒喜·曼寧（Chelsea Manning）公開的文件中了解相關知識，曼寧因透露維基解密（Wikileaks）的軍事資訊而被判入獄35年。在她被隔離在美國維吉尼亞州軍事監獄期間，她每天必須在2名獄監的控制下維持坐姿10小時，獄監必須確保她沒有躺下、靠牆，而且沒有進行任何的體能活動——曼寧：「單獨監禁是『沒有肢體接觸』的折磨，而且必須被廢除。」《華盛頓郵報》（*The Washington Post*），2016年5月2日。

18.我們都同意，為了思考讓罪犯們負責，必須做到某些事，他寫道：「問題是要知道必須做到什麼，由誰來做，以及我們給予誰去進行的委託性質。或許我們給予他們的委託讓他們無意識地超越了我們準備要做，或甚至是承認的程度。」（Hughes, 1962: 8）

19.詹姆斯·惠特曼（James Q. Whitman, 2003）的論文比較了「美式嚴苛」（American harshness）和「歐陸的尊嚴與溫和」（Continental dignity and mildness），換句話說就是美國的刑罰制度極為嚴峻，而歐洲制度則溫和地尊重人性尊嚴。後者大概有點理想化，但犯人的

releases/attachments/2015/03/04/ferguson_police_department_report.pdf.>

13.懲處受情感所驅使的特性「在文明較不開化的社會裡更加明顯」，涂爾幹（1996 [1893]: 52-53）如此寫道，但他後來否認這進化論的成見，暗示這實際上可能只是表象。

14.尼采回到他已釐清的債務關係（1993 [1887]: 809），表示這「賦予債主一種清償的滿足」，並補充說明「補償由分配和殘忍的權利所構成」。

15.我們可以參考Ashley Lopez的調查«Allegations Of Abuse Of Mentally-Ill In Florida Prison», *Miami Herald*, 2014年5月21日，以及Richard Luscombe的調查«Inmate locked in scalding shower died by accident', medical examiner says», *The Guardian*, 2016年2月27日。

16.至於後者，美國司法統計局（Bureau of Justice Statistics）的調查（Beck, Berzofsky, Caspar et Krebs, 2013）證實這較常由監獄的工作人員所引發，而非囚犯。

17.麗莎・剛特（2013）仰賴前犯人的證詞，提出關於禁閉室隔離的哲學思考。非政府組織「禁閉觀察」（Solitary Watch）對這懲處的統計資料進行討論：「事實資料」（Facts），<http://solitarywatch.com/facts/faq/>。這名在禁閉室裡度過最長時間的犯人，過去是黑

8.關於合理化理論的詳細分析——尤其是報復的論題——是由羅賓・安東尼・達夫（Robin Antony Duff, 1996）提出。

9.透過這樣的聲明，喬爾・芬伯格明確與其先人以及許多後繼者的定義保持距離，因此，在這樣的範圍內，受苦便構成懲處無法縮減的部分。

10.珍・漢普頓（1992: 1660）使用的詞語是「**行為的不正當**」（the wrongfulness of the action），我們在〈糾正錯誤〉（righting wrongs）的文章標題中還會再見到的概念。實際上，「錯誤」（wrong）這一詞具有雙重的道德面向：不正確且非正義。「**行為的不正當**」是說明這項行為的惡。「**糾正錯誤**」意味著「修補不公正的行為」。

11.我們在格特魯德・埃佐斯基（1972）蒐集的文集中可找到各種類似麥高斯基和格特魯德討論的範例。

12.麥克・布朗（Michael Brown）死後於佛格森市（Ferguson）進行的調查在美國引起了騷動，揭露以路檢、系統搜索、對微不足道或不存在的違法行為開罰單、在延遲付款的情況下加以逮捕和監禁等騷擾黑人的財務政策；其他的調查則顯示這些做法極為尋常：Department of justice, *Investigation of the Ferguson Police Department*, <https:11www.justice.gov/sites/default/files/opa/press-

5.純理論的罪犯管理法受到蓋瑞．貝克（Gary Becker, 1968）的創始文章所刺激，傅柯於1979年3月21日在其法蘭西學院的課堂上討論（2004）。法國的調查由安妮．肯賽和亞戴兒馬利克．貝那烏達（Annie Kensey et Abdelmalik Benaouda, 2011）進行。關於美國警方和監獄的勸阻效果的可用資料分析由雷蒙．帕特諾斯特（Raymond Paternoster, 2010）提出。關於這項主題，我們也能參考一份報告：Olivier Roeder, Lauren-Brooke Eisen et Julia Bowling, 2015, *What caused the crime decline*, New York, Brennan Center for Justice.

6.「無效論」（nothing works）的口號是羅伯特．馬丁森（Robert Martinson, 1974）對於人們對他具影響力的文章標題提出的問題：「什麼有效？」所做出的負面回應。然而，這就如同法蘭西．艾倫（Francis Allen, 1981）所說明的，為了支持1970年代的懲罰性範例，矯治的範例幾乎消失，這不只是因為鎮壓的意識型態升高，也是因為這類的範例在各種層面遭遇到的阻力增加，其中也包括犯人和過去的犯人。整合了某些研究成果的統合分析最近可用來比較懲罰處置（監獄、矯正營、緩刑）和改造（教育、諮商輔助、行為治療）的效果，顯示累犯觀點的另一種最佳成果（Lipsey et Cullen, 2007）。

7.康德的理論（2011 [1795]: 214, 215）因而明顯與兩名作者形成對比，這兩名作者的思想在當時非常具有影響力，即傑瑞米．邊沁的懲罰功利主義理論，以及切薩雷．貝卡里亞的反對死刑。

第二章：為何要懲罰？

1.以哈特的定義作為說明，湯瑪斯・麥克弗森（Thomas McPherson, 1967: 21）指出，這樣的定義「更符合報復的觀點，而非嚇阻和改造」。然而，在其文章中還必須補充的是，哈特明顯和與復仇形式相似的報復性解讀保持距離。

2.在這篇文章中，羅爾斯（1955: 10）提出了一個定義，我們可以稱之為理想主義且具限制性的懲處定義：「我們可以說，每當一個人在違反法治的基礎上依法被剝奪某些市民的一般權利時，他就是在接受懲處。而違法行為經常由法律主導的訴訟所確立，包括國家的法定機關決定剝奪公民權、法規明確列出違法行為和刑罰、法庭以嚴格的方式詮釋法令，以及所違反的法令在犯下違法行為之前就已列入法律條文中。」

3.傑瑞米・邊沁（2011 [1780]: XIII-1-6）的方法遵循嚴格的進展：首要目標是預防一切的違法行為；但如果犯罪無法阻擋的話，第二項目標就是避免最嚴重的罪行發生，而第三項目標就是減少有害的結果，第四項目標是以最少的代價取得這些成果。

4.從美國開始，關於失能的最系統化研究來自富蘭克林・辛姆林和戈登・霍金斯（Franklin Zimring et Gordon Hawkins, 1995）。

39.呂格爾（1958）以極其細膩的分析說明基督神學殘留在現代刑罰思想中的直觀概念，但宗教信仰和對哲學的熱情導致這名作者走向略帶先見之明的評估（例如罪犯不負責任的概念延伸，以及在犯罪中對社會責任的認知），以及過度樂觀的聲明（例如「刑罰的真正功能並非要對某個社會階段進行報復，而是要讓人們快樂」的斷言）。

40.他延伸黑格爾（Hegel）的思考，補充說明：「難道我們只能接受，無論發生什麼樣的變化，宗教都會以新的信念、新的表述等樣貌保存下來？」（Lefort, 1986 [1981]: 253-254）。

41.馬爾康．菲萊和喬納森．西門（Malcolm Feeley et Jonathan Simon, 1992）創造的詞彙「新刑罰學」，目標是描述以打擊犯罪領域整體實務為基礎的哲學，而這個領域從20世紀末開始在美國發展。我們將在蒂博．史林格奈爾（Thibaut Slingeneyer, 2007）的文章中找到非常明確的說明和分析。

35.引文來自關於中世紀宗教與監獄監禁的集體著作（Heullant-Donat, Claustre et Lusset, 2011: 153），作者之一伊莉莎白・魯塞特（Élisabeth Lusset）撰寫的部分，她以某種話中有話的方式關心宗教監禁場所裡的懲罰性監禁，也就是對僧侶和修道士的懲處形式。作者在引言中介紹從claustrum（隱修院）到carcer（監獄）的演變，在法國大革命後，宗教人口被受刑人所取代。

36.大衛・羅斯曼（2008 [1971]）在其作為先驅的歷史研究中強調美國總統傑克森時期的監獄設立並非單純以回應排除罪犯和控制犯罪的實務考量為目標，而是屬於幾乎烏托邦式的計畫，以勞動的常規和靈魂的紀律進行行為上的改造，在團體中的功能之一就是教育。然而，在這些狀況下，人們還是無法放棄對犯人粗暴，而且往往殘忍對待之。

37.雷貝嘉・麥克萊南（Rebecca Mclennan, 2008）的論文提供強而有力的論據，確立奧本類型的苦刑監獄比在此之前我們承認的監獄都更有成效。一直到20世紀，刑罰奴役的契約制才漸漸被捨棄。

38.目錄摘要尤其肯定地指出：「有兩種正向的連帶關係，一種來自相似性，另一種來自分工，即機械連帶和有機連帶。鎮壓權符合前者，合作權符合後者。」他運用當時的語言，談論第一種情況中「低下階級的民眾」，以及第二種情況中的「較先進社會」（Durkheim, 1996 [1893]: 391, 409）。

29.莫塞斯・芬利的調查（1965）涵蓋很長一段時間，從西元前2000年至西元後5世紀，並涵蓋非常廣大的領土，包括從美索不達米亞到羅馬。

30.在這方面，我們應意識到這個詞本身帶有誤導的性質，因為就如同茱蒂・高根（Judy Gaughan）在提到羅馬帝國時所指出的，「『罪惡』這個現代的詞語涉及道德上應受指責的違法行為，而且應根據法律受到相關的特定懲處」，在拉丁文中找不到相對應的詞語。這導致她形成這樣的口號，並成為其著作的標題：「殺人不是一種罪」。

31.這本龐大的著作（Simmel, 1987 [1907]）於1900年首度出版，並在七年後以更豐富的版本再版，並從此成為了參考的範本。

32.在這1971-1972年的課程中（Foucault, 2015: 117, 139, 133），他只留下相當零碎的筆記，這讓我們無法了解其分析的豐富和複雜度，而這當然是以口語的方式呈現，就像接下來一年的狀況。

33.在面臨基督徒的兩難「懲罰或原諒」時，懲處似乎還是占上風：當補償的原則消失，法規勝出，沒有罪行是能夠不受到懲罰的（Toureille, 2013: 247, 305和311）。

34.處決很少見，但施加的酷刑很可怕，「令人滿意的處決」假定被判刑者在劊子手面前坦承他的罪，並在審判者面前表示悔恨，甚至同意受到懲處以獲得救贖（Spierenburg, 1995: 50）。

24.*Le Dictionnaire latin-français*（Gaffiot, 1934: 1192-1193和1278-1279）首先為poena提供了la Loi des Douze Tables的引文，這可追溯至西元前五世紀，和補償損害的罰金有關，接著還有其他的，尤其是來自西塞羅（Cicéron）的引文，這一詞從此涉及了復仇和贖罪。至於較後期的受苦和折磨的意義，引文則來自普林尼（Pline）和查士丁尼（Justinien）。punire或poenire的意涵反而一下就變成了第一個意思的懲處，以及第二個意思的復仇。

25.Alain Rey (2006 [1998], t.III: 3226) 在其《法語史典》（*Dictionnaire historique de la langue française*）中還指出retribuere是「re-：表示返回的動作，和tribuere：重新開始（部落之間）、分配、給予」的組合。

26.就如同馬林諾斯基轉述的初步蘭群島的例子，亂倫儘管在理論上會受到判刑，但實際上在特領吉族印第安人中是會受到容忍而且很常見的（Oberg, 1934: 146）。

27.這是這名較不為人所知的捷克斯洛伐克籍人類學家的獨特之處，他是第一位以罪與罰的哲學概念和司法機構去說明殖民暴力的人（Pospisil, 1981）。

28.當家屬選擇diyya，由法官制定的金額符合聖訓的法律原則，而在受害者為女性時，金額會少一半（Osanloo, 2012）。

20.對他來說，其定義未必可用來逃避這關鍵的問題：「為何我們偏好這樣的制度，而非其他我們可用來預防反社會行為的社會保健形式？」（Hart, 1959: 6）。

21.這是在尼采發展其關於受苦的懲處基礎批評的第二論說的第四和第五部分（1993 [1887]: 807-809）。

22.在這大段的獨白中，我們總是會提及以下的字句：「我是猶太人。猶太人沒有眼睛嗎？猶太人沒有手、器官、體積、感官、情感和熱情嗎？」（Shakespeare, 1993 [1600]: III-1），同時忽略了這不只是要為其人性辯護，也是將這樣的人性建立在報仇的權利上。

23.這一詞在三項詞目中討論：「贈予與交換」（Don et échange）、「名譽與敬意」（L'honneur et les honneurs）、「祈請與懇求」（Prière et supplication）（Benveniste 1969, t. I : 68和t. II : 50, 54,252）。取自《伊利亞德》（*Iliade*）的一段說明，讓作者更明確說明「代價、懲處」的概念。阿格曼儂（Agamemnon）在眾神面前與特洛伊人和亞該亞人確立協議，內容是關於如果墨涅拉俄斯（Ménélas）殺死亞歷山大（Alexandre），那麼特洛伊人就必須歸還海倫（Hélène），而且必須繳納貢賦給阿爾戈斯人；如果他們不遵守他們的諾言，那麼阿格曼儂就會對他們發起戰爭「以得到滿足」（poinē，希臘文的「痛苦」），也就是說「違反誓約必須得到的懲處和應付出的賠償」。

留人數每月統計（*Statistique mensuelle des personnes écrouées et détenues en France au 1er juillet 2016*），法國監獄總署（Direction de l'Administration Pénitentiaire）。值得注意的是，該統計數字符合美國的流量（輸入），但卻是法國的存量（特定日子的拘留者）。

15.Julie Seman, «When innocence is no defense», *The New York Times*, 2015年8月12日； Alec Karakatsanis, «President Obama's Department of injustice», *The New York Times*, 2015年8月18日。

16. Kate Martin et Joe Onek, «*Enemy Combatants*», *the Constitution and the Administration's «War on Terror»*, Washington, DC, American Constitution Society for Law & Policy, 2004; 亦可參考Zayas (2005)。

17.每年的拘留率，在10,000名蓄意殺人犯中有46.5人，強暴犯有26.8人，而總監禁人口中有16.7人（Duthé, Hazard, Kensey et Pan Ké Shon 2011）。

18.私刑正義的理論架構由萊斯・約翰斯頓（Les Johnston, 1996）提出，而由莎拉・珍・庫珀納克和歐利・歐文（Sarah Jane Cooper-Knock et Olly Owen, 2015）在奈及利亞和南非進行的實驗研究顯示出警方和自衛團體之間維持著複雜、模糊不清的關係。

19.社會學家在這點上以一切的價值觀判斷來進行辯解：「或許我們有錯；但這和提到的狀況無關。」（Durkheim, 1996 [1893]: 55）

1954: 295）。

12.High Commissioner for Human Rights, «Punitive demolitions destroy more than homes in Occupied Palestinian Territory», 聯合國 <www.ohchr.org/EN/News/Pages/PunitivedemolitionsinOPT.aspx>; Lizzie Dearden, «Tel Aviv attack:Israeli authorities seal off West Bank and Gaza as UN condemns "collective punishment" of Palestinians», *Independent*, 2016年6月10日；Marijn Nieuwenhuis, «Skunk water:Stench as a weapon of war», OpenDemocracy, <https://www.opendemocracy.net/marijn-nieuwenhuis/skunk-water-strench-as-weapon-of-war>; Marjorie Cohn, «Israel inflicts illegal collective punishment on Gaza», *The World Post*, <www.huffingtonpost.com/marjorie-cohn/ israel-palestine-collective-punishment_b_5589208.html>.

13.為了對這既符合修辭也符合法學的策略進行分析，我們參考尼可拉·佩魯吉尼和尼夫·戈登（Nicola Perugini et Neve Gordon, 2015）的著作，當中顯示了人權語言如何作為支配的工具使用。而更廣泛的權利用語也是如此。

14.Ram Subramanian, Ruth Delaney, Stephen Roberts, Nancy Fishman et Peggy McGarry, *Incarceration's Front Door: The Misuse of Jails in America*, Vera Institute of Justice, 2015; 2016年7月法國監禁與拘

us-phlippines-duterte-un-killings-idUSKCN10X0IS>; «*The Guardian view on killings by US police: Why we must keep counting*», The Guardian, 2015年12月31日；«Number of executions since 1976», Death Penalty Information, <www.deathpenaltyinfo.org/executions-year>. 社會學家傑羅姆．卡拉貝爾（Jerome Karabel）將警察殺人視為是隱藏的死刑形式：«The other capital punishment», *Huffpost Politics*, 2014年12月10日。

10. 光是在紐約市，一年就有700,000次的身分盤查，而且不成比例地鎖定少數民族：«NYCLU, stop-and-frisk data», <www.nyclu.org/content/stop-and-frisk-data>. 芝加哥市警察因成為折磨犯人的重鎮而惡名昭彰，在1972至1980年間有超過110名黑人挨揍並被電死，2004至2015年間在7,000名嫌犯中有82%的黑人於祕密基地受到拘禁和審問：Noah Berlatsky, «When Chicago tortured», *The Atlantic*, 2014年12月17日，和Spencer Hackerman, «Homan Square revealed: How Chicago Police "disappeared" 7,000 people», *The Guardian*, 2015年10月19日。

11. 很有趣的是，我們注意到，作者在其定義中強調，懲處未必要限定在「違反法律或道德的行為」上（可涉及其他的規範系統，例如學校、職業、協會），也未必要排除「道德或法律上可疑的案例」（可能涉及不道德或追溯的法律），而且懲處是為了要遵循慣例（Flew,

（Zaibert, 2006）我們還可以補充，這通常是用於意識型態的一種修辭，或是作為讓另一個人的動作失去威信，或是提升自己價值的策略。

6.實際上，這樣的利害關係非常關鍵，不管報復的問題是多麼令人厭煩。對宙斯來說，這是偷了火又交給人類的合理懲處。相反地，對普羅米修斯來說，這是不合理的折磨，神這麼做是為了報復，同時也為了獲取英雄的名聲，而英雄應該要推翻其權力（Allen, 2000: 25-35）。

7.他更進一步補充：「刑罰自我們父執輩的年代至今並沒有改變。這仍是一種報復行為，因為這是一種贖罪。」（Durkheim, 1996 [1893]: 54-56）

8.美國最近在關於「**基層官僚**」（street-level bureaucracy）的文獻背景下，並透過「**攔截與搜身**」（stop and frisk）——即搜身盤查身分慣例——的例子來研究這種「街頭正義」的做法（Portillo et Rudes, 2014）。

9. Anistia Internacional Brasil, *You Killed My Son: Homicides By Military Police in the City of Rio de Janeiro*, Rio de Janciro, Amnesty International, 2015; Karen Lema, «Philippines drug war deaths climb to 1800: U.S. deeply concerned», *Reuters*, <www.reuters.com/article/

第一章：懲罰是什麼？

1.如同作者（Hart, 1959）自己所指出的，他提供的定義——而且有如此多的評論者後來都採用，並將這歸功於該作者——在他的兩名同僚安東尼．弗萊（Antony Flew）和史丹利．貝恩（Stanley Benn）發表作品前不久已被非常廣泛地採用。

2.這非常接近凱莉．漢娜莫法和莫娜．林奇（Kelly Hannah-Moffat et Mona Lynch, 2012）在其特殊的檔案「懲罰邊界理論化」（Theorizing punishment boundaries）裡使用的方法。我們有共同的前提，但我的批評方法在民族誌研究和系譜學方法的組成上有所不同。

3.值得注意的是，在湯瑪斯．阿奎那撰寫於1265至1274年間的這本重要著作（2010: Question 108）中，他談論的「報復」以合法和不合法作為區分。

4.羅伯特．諾齊克（1981: 366-368）建立這樣的區分是很重要的，作為最後的手段，他想將懲處合理化為應受的懲罰，因此沒有報復的概念。

5.如同他所寫的：「這是運用修辭的力量來斷言這樣的動作並非懲處，而只是報復，儘管並沒有分析的基礎可用來確立這樣的區分。」

我參考了當中很多的部分。

9.這些研究導致兩本著作的出版，本書從中節錄了5項簡短的民族誌研究案例（Fassin, 2011: 66-70, 145-150, 214-216, 和2015:17-34, 424-426）。這些研究經國家機構在道德層面更廣泛且集體的調查而變得完整。

下被釋放，而在2009年，5名被告中只剩下2名在同樣的情況下被釋放。在這段期間，對於必須提出財力的人來說，被釋放者的保證金中間數增為2倍，而維持被拘禁者增為2.5倍（Smith, 1993; Reaves, 2013）。

6. 儘管這樣的比例並非眾所皆知，但法官傑德・萊考夫（Jed Rakoff, 2014）引用兩項研究，以提供特殊背景的評估：在因強暴或謀殺而被判刑的將近300人中，冤獄平反專案（Innocence Project）的律師成功為其中的30人在有罪辯護中證明他們無罪；在美國國家免罪案例登錄（National Registry of Exonerations）登記在案的1,428個檔案中，有151人同樣也是在有罪辯護中被司法機構證明無罪；我們注意到，在這兩個例子中，無罪率將近10%。

7. 在意識到研究其他懲處形式的好處時，不論是在刑罰制度之外（學校、工作場所、軍事機構），還是在刑罰制度內但依循法外的程序（警察的侮辱、檢察官的附加懲罰），他表示竭力「了解法律的懲處以及社會基礎」（Garland, 1990: 18）。

8. 在傅柯的部分，我參考的當然是他著名的文章〈何謂啟蒙〉（Qu'est-ce que les Lumières, 1984），其內容的要點已經出現在法蘭西學院1983年1月5日的課堂上，也出現在他採用系譜學方法的著作中，尤其是《規訓與懲罰》（*Surveiller et punir*, 1975）。而在尼采的部分，主要是《道德系譜學》（*La Généalogie de la morale*, 1993 [1887]），

引言：兩段故事

1.這段論文構成了《原始社會的犯罪與習俗》（*Crime and Custom in Savage Society*）（Malinowski, 1926: 77-99）的第二部分，經常被視為是法律人類學的創始文本。

2.這篇得到巨大迴響的文章得到了回報，特別是最後入圍了2015年的普立茲獎（Pulitzer）（Gonnerman, 2014）。不到一年後，這篇文章加上了一篇謹慎題名為「卡利夫．布蘭德，1993-2015」的後記，於2015年6月7日發表於《紐約客》（*The New Yorker*）雜誌。

3.然而，這並不是要儘可能降低亂倫或侵犯等可能結果的嚴重性：「除非及時呈上適當的贈禮或藉口，否則一項錯誤會招致報復。報復可能會展現在讓罪犯所屬家族的任一成員受傷或死亡。」（Schneider, 1957: 796）

4.作者使用著名的「人類關係區域檔案」（Human Relations Area Files）裡的60個社會作為樣本，這些資料記錄並描述了將近400個文化體（Otterbein, 1986）。這種方法原則上因其比較和跨文化的特性而非常吸引人，但因轉述事實的去脈絡化，完全歪曲了意義，有時甚至造成誤解，而犯下嚴重的錯誤，就如同這個例子所見到的一樣。

5.1990年，5名被告中有3名在等候其案件解決時，在缺乏財力的情況讓人能夠了解，或是在引進內戰概念時帶動一般刑罰理論的發展？我認為「懲罰性時刻」的特點是更精確也更恰當，可以用來開啟更廣闊的研究面向，就如同本著作的做法。

12.拉丁文中的momentum，衍生自movimentum，有幾種意涵：「活動、衝動」、「影響、分量、重要性」、「發生動作的空間」、「動作的持續時間、時刻、瞬間」，以及「演說的時刻、地點」（Gaffiot, 1934: 991）。我為懲罰的時刻賦予的意義便是從這各種意涵中汲取。

13.約翰．普科克（John Pocock, 1975: vii-viii）在其關於「馬基維利時刻」*的龐大調查初期解釋：「時刻」一詞既表明這是「馬基維利思想出現的時刻和方式」，也是「問題本身」，也就是說，「在這概念化時間的時刻裡，共和國面對自身時間的有限，並竭力在大量不理性的事件中維持道德和政治上的穩定，而這些不理性的事件基本上被想像成是具破壞性的」。對我而言，我不認為懲罰性時刻是個問題，但卻透露出問題，即在解決方案本身成為問題時，在這樣的背景下，現代社會或許在面臨被視為不理性的事件時，必須面對其自身的時間限度。

* Machiavelli，義大利學者，文藝復興時期的重要人物，被稱為近代政治學之父，他「政治無道德」的思想被稱為「馬基維利主義」。

安薩塔蕭·初帝斯和陶德·明頓（Danielle Kaeble, Lauren Glaze, Ansastasios Tsoutis et Todd Minton, 2016）的最新數據。最普遍的分析可參考《狄德洛斯》（*Daedalus*）期刊題名為〈關於大規模監禁〉（On mass incarceration）的檔案，尤其是布魯斯·韋斯特和貝基·佩蒂特（Bruce Western et Becky Pettit, 2010）的文章。

9.所述演變使用的統計數據由刑事政策研究機構（Institute for Criminal Policy Research）在「國際監獄概況」（World Prison Brief）的架構下所收集，提供會定期更新的寶貴資料（www.prisonstudies.org/about-wpb）。主要在歐洲進行至1990年代的政策審查，可在由邁克爾·頓瑞和凱瑟琳·海特斯戴（Michael Tonry et Kathleen Hatelstad, 1997）主編的書中找到。

10.這些資料可在第十一版的世界人口清單（World Population List）（www.prisonstudies.org/sites/default/files/resources/downloads/world_prison_population_list_11th_edition.pdf）中找到。在羅伊·瓦姆斯萊（Roy Walmsley, 2003）的文章中有提供概括說明。

11.我們在此可看到米歇爾·傅柯在法蘭西學院的第三堂課講述的主題「懲罰性社會」的參考。儘管很吸引人，但這樣的公式並沒有比較明確：是否有考量到各種社會的懲罰面向，例如四種懲罰性策略的原型（驅逐、補償、烙印、監禁），讓他可以進行假設，或相反地，讓人理解現代西方的懲罰特性，例如監獄後來的系譜（聚焦於18世紀末）

感的手段，並考慮到這涉及「現代刑罰權力的基本轉移」，而這是接續「社會與文化深層的變化」而來。

5.丹尼斯・沙拉斯（Denis Salas, 2005）提出了令人信服的分析，談論「表象病理學與控訴病理學的相遇」。

6.道路輕罪資料由歐蒂・鄧巴（Odile Timbar）和瑪琍多明尼克・明那（Marie-Dominique Minne）（2013）分析。2012年的判刑統計來自法國全國犯罪紀錄（Casier judiciaire national）（http://www.justice.gouv.fr/art_pix/Stat_Conda_2012.pdf）。2012年，因為無照駕駛或在吊銷駕照後被判入獄服刑的有8,238人，占入獄服刑判刑總數的將近10%。

7.法珀斯・勒杜克（Fabrice Leturcq, 2012）的研究比較2007年關於最低刑罰的法令表決前後時期。這項研究確立了對未成年犯罪嚴苛度較重大罪行增長。多明尼克・宏布爾和賽巴斯堤安・余若（Dominique Raimbourg et Sébastien Huyghe, 2013）關於監獄人口過剩的報告，顯示在立即審判中有35%被判入獄服刑，而在傳統的訴訟中只有21%。在第二種情況下，由於從頭開始管治，因此可能沒有暫時監禁，即時處置則受到將近2倍以上的嚴苛對待。

8.歷史資料來自瑪格麗特・韋內・卡哈蘭（Margaret Werner Cahalan,1986）的報告，以及丹妮爾・凱博爾、羅倫・葛雷茲、

為有252,000人受法院管理。

2.關於這個複雜問題的詳細討論已超出本書的範圍，可參考菲利普．羅伯特（Philippe Robert）、布魯諾安布森．卡瓦雷（Bruno Aubusson de Cavarlay）、瑪希利．波堤耶（Marie-Lys Pottier）和皮耶．杜尼耶（Pierre Tournier）（1994）的經典著作。羅蘭．慕克里（Laurent Mucchielli, 2008）最近的文章提出嚴密的統計分析，內容是關於暴力及其演化的社會意涵。尤其是未成年人的暴力，這是引發大量情緒和媒體及政界評論的主題，他表示，因蓄意攻擊和毆打而被判刑的未成年人數量在20年內增加至3倍，和暴力相關並導致工作暫時中斷超過8天的輕罪減少了8%，而其他種類的罪行則增加了17%。因此，不是暴力減少了，而是其界定在未成年的罪行宣告和紀錄變多了。

3.在大衛．葛蘭（1990）關於現代社會懲處的研究中，他用兩章的篇幅來撰寫關於文化層面的部分，尤其是同情心的演化。當然，在此風俗文化的論文會是較概略的參考（Elias, 2003 [1939]）。

4.在朱利安．羅伯茲（Julian Roberts）、羅瑞塔．史坦蘭斯（Loretta Stalans）、大衛．英德默（David Indermaur）和麥克．胡赫（Mike Hough）（2003:5）的共同著作中，他們提出「**刑罰民粹主義**」（penal populism）一詞，並嚴格定義為：其倡導人「允許選舉的利益勝過刑罰的有效性」。後來，約翰．帕特（John Pratt, 2007）再度採用這一詞，但將其意義擴大，而不只是政治人物利用民眾不安全

注釋

前言：懲罰的時刻

1.截至1831年的最古老統計由瑪琍丹妮兒．巴雷（Marie-Danièle Barré, 1986）建立。近百年來觀察到最低的監獄人數出現在第二次世界大戰的前一天。近年來的資料由司法部公布在其「監獄管理關鍵數字」（chiffres clés de l'admnistration pénitentiaire）（www.justice.gouv.fr/art_pix/chiffres_cles_2015_FINALE_SFP.pdf）、「拘押與監禁人口每月統計」（statistiques mensuelles de la population détenue et écrouée）（www.justice.gouv.fr/art_pix/mensuelle_juillet_2016.pdf），以及「法院管理人統計系列」（séries statistiques des personnes placées sous main de justice）（www.justice.gouv.fr/art_pix/ppsmj_2014.PDF）的架構中。截至2016年7月1日，有69,375人受到拘押，80,905人受到監禁。開放監禁的人數以1982年的45,000人為最低，在2013年增加至175,000人。因

Zayas, Alfred de (2005), « Human rights and the indefinite detention », *International Review of the Red Cross*, 87 (857), p. 15-38.

Zimring, Franklin, et Hawkins, Gordon (1995) *Incapacitation : Penal Confinement and the Restraint of Crime*, Oxford, Oxford University Press.

Spire, Alexis (2012), *Faibles et puissants face à l'impôt*, Paris, Raisons d'agir.

Strawson, Peter (1962), « Freedom and resentment », *Proceedings of the British Academy*, 48, p. 1-25.

Thomas d'Aquin (2010), *Somme théologique. La vie humaine* (IIa-IIae), Paris, Cerf.

Timbart, Odile (2011), « Vingt ans de condamnations pour crimes et délits », *Infostat Justice*, 114.

Timbart, Odile, et Minne, Marie-Dominique (2013), « Le traitement judiciaire de la délinquance routière », *Infostat Justice*, 123.

Tonry, Michael, et Hatlestad, Kathleen (1997), *Sentencing Reform in Overcrowded Times : A Comparative Perspective*, Oxford, Oxford University Press.

Toureille, Valérie (2013), *Crime et châtiment au Moyen Âge, Ve-XVe siècle*, Paris, Seuil.

Wacquant, Loïc (2000), « The new "peculiar institution" : On the prison as surrogate ghetto », *Theoretical Criminology*, 4 (3), p. 377-389.

– (2004), *Punir les pauvres. Le nouveau gouvernement de l'insécurité sociale*, Marseille, Agone.

Walmsley, Roy (2003), « Global incarceration and prison trends », *Forum on Crime and Society*, 3 (1-2), p. 65-78.

Western, Bruce (2006), *Punishment and Inequality in America*, New York, Russell Sage Foundation.

Western, Bruce, et Pettit, Becky (2010), « Incarceration and social inequality », *Daedalus*, 139 (3), p. 8-19.

Whitman, James Q. (2003), *Harsh Justice : Criminal Punishment and the Widening Divide Between America and Europe*, Oxford, Oxford University Press.

Zaibert, Leo (2006), « Punishment and revenge », *Law and Philosophy* 25, p. 81-118.

Roberts, Julian, Stalans, Loretta, Indermaur, David, et Hough, Mike (2003), *Penal Populism and Public Opinion : Lessons from Five Countries*, Oxford, Oxford University Press.

Rodríguez Medrano, Fernando (1996), « Justice, crime et châtiment au Maroc au XVIe siècle », *Annales HSS*, 3, p. 611-627.

Rothman, David (2008 [1971]), *The Discovery of Asylum : Social Order and Disorder in the New Republic*, New Brunswick, Aldine Transaction.

Salas, Denis (2005), *La Volonté de punir. Essai sur le populisme pénal*, Paris, Hachette.

Saleilles, Raymond (1927 [1899]), *L'Individualisation de la peine. Étude de criminalité sociale*, Paris, Alcan.

Schneider, David (1957), « Political organization, supernatural sanctions and the punishment of incest on Yap », *American Anthropologist*, 59, p. 791-800.

Shakespeare, William (1993 [1600]), *The Merchant of Venice*, éd. Jay Halio, Oxford, Oxford University Press.

Shalev, Sharon (2015), « Solitary confinement : The view from Europe », *Canadian Journal of Human Rights*, 4 (1), p. 143-165.

Simmel, Georg (1987 [1907]), *Philosophie de l'argent*, trad. Sabine Cornille et Philippe Ivernel, Paris, PUF.

Slingeneyer, Thibaud (2007), « La nouvelle pénologie, une grille d'analyse des transformations des discours, des techniques et des objectifs dans la pénalité », *Champ pénal*, 4, <https :// champpenal. revues.org/2853 ? lang = en>.

Smith, Pheny (1993), *Felony Defendants in Large Urban Counties, 1990*, Washington, D. C., U.S. Department of Justice.

Spierenburg, Pieter (1995), « The body and the state. Early modern Europe », in Norval Morris et David Rothman (dir.), *The Oxford History of the Prison : The Practice of Punishment in Western Society*, Oxford, Oxford University Press, p. 44-70.

Perugini, Nicola, et Gordon, Neve (2015), *The Human Right to Dominate*, Oxford, Oxford University Press.

Piketty, Thomas (2013), *Le Capital au XXIe siècle*, Paris, Seuil.

Pocock, John Greville Agard (1975), *The Machiavellian Moment : Florentine Political Thought and the Atlantic Republican Tradition*, Princeton, Princeton University Press.

Portillo, Shannon, et Rudes, Danielle (2014), « Construction of justice at the street level », *Annual Review of Law and Society*, 10, p. 321-334.

Pospisil, Leopold (1981), « Modern and traditional administration of justice in New Guinea », *Journal of Legal Pluralism*, 19, p. 93-116.

Pratt, John (2007), *Penal Populism*, Londres, Routledge.

Provine, Doris Marie (2011), « Race and inequality in the war on drugs », *Annual Review of Law and Social Science*, 7, p. 41-60.

Raimbourg, Dominique, et Huyghe, Sébastien (2013), *Rapport d'information sur les moyens de lutte contre la surpopulation carcérale*, Paris, Assemblée nationale.

Rakoff, Jed (2014) « Why innocent people plead guilty », *The New York Review of Books*, 20 novembre.

Rawls, John (1955), « Two concepts of rules », *The Philosophical Review*, 64 (1), p. 3-32.

Reaves, Brian (2013), *Felony Defendants in Large Urban Counties, 2009*, Washington, D. C., U.S. Department of Justice.

Rey, Alain (2006 [1998]), *Dictionnaire historique de la langue française*, Paris, Le Robert.

Ricœur, Paul (1958), « Le droit de punir », *Cahiers de Villemétrie*, 6, p. 2-21.

Robert, Philippe, Aubusson de Cavarlay, Bruno, Pottier, Marie-Lys, et Tournier, Pierre (1994), *Les Comptes du crime. Les délinquances en France et leur mesure*, Paris, L'Harmattan.

McPherson, Thomas (1967), « Punishment : Definition and justification », *Analysis*, 28 (1), p. 21-27.
Montesquieu, Charles de Secondat de (1995 [1748]), *De l'esprit des lois*, Paris, Gallimard.
Morenoff, Jeffrey, et Hardin, David (2014), « Incarceration, prisoner reentry, and communities », *Annual Review of Sociology*, 40, p. 411-429.
Mucchielli, Laurent (2008), « Une société plus violente ? Une analyse socio-historique des violences interpersonnelles en France, des années 1970 à nos jours », *Déviance et société*, 32 (2), p. 115-147.
Nietzsche, Friedrich (1993 [1887]), *La Généalogie de la morale*, in *Œuvres*, t. 2, éd. Jean Lacoste et Jacques Le Rider, Paris, Robert Laffont, p. 739-889.
Nozick, Robert (1981), « Retributive punishment », in *Philosophical Explanations*, Cambridge, Ma, The Belknap Press of Harvard University Press, p. 363-397.
Oberg, Kalervo (1934), « Crime and punishment in Tlingit society », *American Anthropologist*, 36 (2), p. 145-156.
Obradovic, Ivaña (2012), « La pénalisation de l'usage des stupéfiants en France au miroir des statistiques administratives. Enjeux et controverses », *Déviance et société*, 36 (4), p. 441-469.
Osanloo, Arzoo (2012), « When blood has spilled : Gender, honor, and compensation in Iranian criminal sanctioning », *Political and Legal Anthropology Review*, 35-2, p. 308-326.
Otterbein, Keith (1986), *The Ultimate Coercive Sanction : A Cross-Cultural Study of Capital Punishment*, New Haven, HRAF Press.
Paternoster, Raymond (2010), « How much do we really know about criminal deterrence », *Journal of Criminal Law and Criminology* 100 (3), p. 765-823.
Perrot, Michelle (1975), « Délinquance et système pénitentiaire en France au XIXe siècle », *Annales ESC*, 30, p. 67-91.

Lefort, Claude (1986 [1981]), « Permanence du théologico-politique », in *Essais sur le politique, XIXe-XXe siècles*, Paris, Seuil, p. 251-300.

Leturcq, Fabrice (2012), « Peines planchers : Application et impact de la loi du 10 août 2007 », *Infostat Justice*, 118.

Lévi-Strauss, Claude (1955), *Tristes Tropiques*, Paris, Plon.

Liebling, Alison (2011), « Moral performance, inhuman and degrading treatment, and prison pain », *Punishment and Society*, 13 (5), p. 530-550.

Lipsey, Mark, et Cullen, Francis (2007), « The effects of correctional rehabilitation : A review of systematic reviews », *Annual Review of Law and Social Sciences*, 3, p. 297-320.

Lynch, Mona (2000), « On-line executions : The symbolic use of the electric chair in the cyberspace », *Political and Legal Anthropology Review*, 23 (2), p. 1-20.

Makaremi, Chowra (2013), « Le droit de punir. L'appréciation de la peine en comparution immédiate », in Didier Fassin (dir.), *Juger, réprimer, accompagner. Essai sur la morale de l'État*, Paris, Seuil, p. 29-62.

Malinowski, Bronislaw (1926), *Crime and Custom in Savage Society*, New York, Harcourt, Brace & Company.

Martinson, Robert (1974), « What works ? Questions and answers about prison reform », *Public Interest*, 10, p. 22-54.

Mauss, Marcel (1969 [1925]), « *In memoriam*. L'œuvre inédite de Durkheim et de ses collaborateurs », in *Œuvres. 3. Cohésion sociale et divisions de la sociologie*, Paris, Minuit, p. 473-567.

McCloskey, Herbert J. (1965), « A non-utilitarian approach to punishment », *Inquiry*, 8, p. 239-255.

McLennan, Rebecca (2008), *The Crisis of Imprisonment : Protest, Politics, and the Making of the American Penal State, 1776-1941*, Cambridge, Cambridge University Press.

Herpin, Nicolas (1977), *L'Application de la loi. Deux poids, deux mesures*, Paris, Seuil.

Heullant-Donat, Isabelle, Claustre, Julie et Lusset, Élisabeth (2011), *Enfermements. Le cloître et la prison (Ve-XVIIIe siècle)*, Paris, Publications de la Sorbonne.

Hughes, Everett (1962), « Good people and dirty work », *Social Problems*, 10 (1), p. 3-11.

Johnston, Les (1996), « What is vigilantism ? », *British Journal of Criminology*, 36 (2), p. 220-236.

Kaeble, Danielle, Glaze, Lauren, Tsoutis, Anastasios, et Minton, Todd (2016), « Correctional populations in the United States, 2014 », *Bulletin of the Bureau of Justice Statistics*, décembre.

Kandert, Josef (1978), « Zande », in Henri Claessen (dir.), *The Early State*, La Haye, Mouton, p. 511-529.

Kant, Emmanuel (2011 [1795]), *Métaphysique des mœurs. Doctrine du droit*, trad. Alexis Philonenko, Paris, Vrin.

Kensey, Annie (2010), « Dix ans d'évolution du nombre de personnes écrouées de 2000 à 2010 », *Cahiers d'études pénitentiaires et criminologiques*, Direction de l'administration pénitentiaire, 35.

Kensey, Annie, et Benaouda, Abdelmalik (2011), « Les risques de récidive des sortants de prison. Une nouvelle évaluation », *Cahiers d'études pénitentiaires et criminologiques*, Direction de l'administration pénitentiaire, 36.

Lacey, Nicola (2008), *The Prisoner's Dilemma : Political Economy and Punishment in Contemporary Democracies*, Cambridge, Cambridge University Press.

Laplanche, Jean, Pontalis, Jean-Bertrand (1967), *Vocabulaire de la psychanalyse*, Paris, PUF.

Lee, John Alan (1981), « Some structural aspects of police deviance in relation to minority groups », in Clifford Shearing (dir.), *Organizational Police Deviance : Its Structure and Control*, Scarborough, Butterworth, p. 49-82.

– (2013), *La Société punitive. Cours au Collège de France 1972-1973*, Paris, EHESS-Gallimard-Seuil.
– (2015), *Théories et institutions pénales. Cours au Collège de France 1971-1972,* Paris, EHESS-Gallimard-Seuil.
Gaffiot, Félix (1934), *Dictionnaire latin-français,* Paris, Hachette.
Galanter, Marc (1974), « Why the "haves" come out ahead : Speculations on the limits of legal change », *Law and Society Review*, 9 (1), p. 95-160.
Garland, David (1990), *Punishment and Modern Society : A Study in Social Theory*, Chicago, The University of Chicago Press.
– (2001), « The meaning of mass imprisonment », in David Garland (dir.), *Mass Imprisonment : Social Causes and Consequences*, Londres, Sage, p. 1-3.
Gaughan, Judy (2010), *Murder Was not a Crime*, Austin, University of Texas.
Gonnerman, Jennifer (2014), « Before the law », *The New Yorker*, 6 octobre.
Gottschalk, Marie (2015), *Caught : The Prison State and the Lockdown of American Politics*, Princeton, Princeton University Press.
Guenther, Lisa (2013), *Solitary Confinement : Social Death and its Afterlives*, Minneapolis, The University of Minnesota Press.
Hampton, Jean (1992), « Correcting harms versus righting wrongs : The goal of retribution », *UCLA Law Review*, 39, p. 1659-1702.
Hannah Moffat, Kelly et Lynch, Mona (2012), « Theorizing punishment's boundaries : An introduction », *Theoretical Criminology*, 16 (2), p. 19-21.
Harcourt, Bernard (2006 [2001]), *L'Illusion de l'ordre. Incivilités et violences urbaines : tolérance zéro ?*, trad. Brigitte Coste, Paris, Descartes & Cie.
Hart, Herbert Lionel Adolphus (1959), « The Presidential Address : Prolegomenon to the principles of punishment », *Proceedings of the Aristotelian Society*, 60, p. 1-26.

Ericson, Richard (1982), *Reproducing Order : A Study of Police Patrol Work*, Toronto, University of Toronto Press.

Evans-Pritchard, Edward Evan (1972 [1937]), *Sorcellerie, oracles et magie chez les Azandé*, trad. Louis Évrard, Paris, Gallimard.

Ezorsky, Gertrude (1972), « The ethics of punishment », in Gertrude Ezorsky (dir.), *Philosophical Perspectives on Punishment*, Albany, State University of New York Press, p. xi-xxvii.

Fassin, Didier (2011), *La Force de l'ordre. Une anthropologie de la police des quartiers*, Paris, Seuil.

– (2014), « Pouvoir discrétionnaire et politique sécuritaire. Le chèque en gris de l'État à la police », *Actes de la recherche en sciences sociales*, 201-202, p. 72-86.

– (2015), *L'Ombre du monde. Une anthropologie de la condition carcérale*, Paris, Seuil.

Fassin, Didier *et al.* (2013), *Juger, réprimer, accompagner. Essai sur la morale de l'État*, Paris, Seuil.

Feeley, Malcolm, et Simon, Jonathan (1992), « The new penology : Notes on the emerging strategy of corrections and its implications », *Criminology*, 30 (4), p. 449-474.

Feinberg, Joel (1965), « The expressive function of punishment », *The Monist*, 49 (3), p. 397-423.

Finley, Moses (1965), « La servitude pour dettes », *Revue historique de droit français et étranger*, 4e série, 43, p. 160-184.

Flew, Antony (1954), « The justification of punishment », *Philosophy*, 29-11, p. 291-307.

Foucault, Michel (1975), *Surveiller et punir. Naissance de la prison*, Paris, Gallimard.

– (2001 [1984]), « Qu'est-ce que les Lumières ? », in *Dits et écrits*, t. 2, Paris, Gallimard, p. 1381-1397.

– (2004), *Naissance de la biopolitique. Cours au Collège de France 1978-1979*, Paris, EHESS-Gallimard-Seuil.

Beck, François, Richard, Jean-Baptiste, Guignard, Romain, Le Nézet, Olivier et Spilka, Stanislas (2015), « Les niveaux d'usage des drogues en France en 2014 », *Tendances*, OFDT-INPES, 99.

Becker, Gary (1968), « Crime and punishment : An economic approach », *Journal of Political Economy*, 76 (2), p. 179-217.

Bentham, Jeremy (2011 [1780]), *Introduction aux principes de morale et de législation*, trad. Malik Bozzo-Rey *et al.*, Paris, Vrin.

Benveniste, Émile (1969), *Le Vocabulaire des institutions indo-européennes*, 2 tomes, Paris, Minuit.

Cahalan, Margaret Werner (1986), *Historical Corrections Statistics in the United States, 1850-1984*, Rockville, Westat, Inc.

Cicourel, Aaron (1967), *The Social Organization of Juvenile Justice*, New York, Wiley.

Cohen, Stanley (2002 [1972]), *Folk Devils and Moral Panics. The Creation of the Mods and Rockers*, New York, Routledge.

Comfort, Megan (2007), « Punishment beyond the legal offender », *Annual Review of Law and Social Science*, 3, p. 271-296.

Cooper-Knocks, Sarah Jane et Owen, Olly (2015), « Between vigilantism and bureaucracy : Improving our understanding of police work in Nigeria and South Africa », *Theoretical Criminology*, 19 (3), p. 355-375.

Duff, Robin Antony (1996), « Penal communications : Recent works in the philosophy of punishment », *Crime and Justice*, 20, p. 1-97.

Durkheim, Émile (1996 [1893]), *De la division du travail social*, Paris, PUF.

Duthé, Géraldine, Hazard, Angélique, Kensey, Annie et Pan Ké Shon, Jean-Louis (2011), « L'augmentation du suicide en prison en France depuis 1945 », *Bulletin épidémiologique hebdomadaire*, 47-48, p. 504-508.

Elias, Norbert (2003 [1939]), *La Civilisation des mœurs*, trad. Pierre Kamnitzer, Paris, Pocket, « Agora ».

參考書目

Alexander, Michelle (2010), *The New Jim Crow. Mass Incarceration in the Age of Colorblindness*, New York, The New Press.

Allen, Danielle (2000), *The World of Prometheus. The Politics of Punishing in Democratic Athens*, Princeton, Princeton University Press.

Allen, Francis (1981), *The Decline of the Rehabilitative Ideal*, New Haven, Yale University Press.

Ancel, Marc (1954), *La Défense sociale nouvelle*, Paris, Éditions Cujas.

Anderson, Elijah (1999), *Codes of the Street. Decency, Violence, and the Moral Life in the Inner City*, New York, Norton.

Aubusson de Cavarlay, Bruno (1985), « Hommes, peines et infractions : la légalité de l'inégalité », *L'Année sociologique*, 35, p. 275-309.

Barré, Marie-Danièle (1986), « 130 années de statistiques pénitentiaires en France », *Déviance et société*, 10 (2), p. 107-128.

Bataille, Georges (1949), *La Part maudite*, Paris, Minuit.

Beck, Allen, Berzofsky, Marcus, Caspar, Rachel, et Krebs, Christopher (2013), *Sexual Victimization in Prisons and Jails Reported by Inmates 2011-12*, Washington, D. C., Bureau of Justice Statistics.

聯經文庫
懲罰的三大思辨：懲罰是什麼？為何要懲罰？懲罰的是誰？

2019年11月初版　　定價：新臺幣380元

著者	Didier Fassin
譯者	林惠敏
叢書編輯	張彤華
校對	凌午
	蘇暉筠
內文排版	陳恩安
封面設計	兒日
編輯主任	陳逸華

出版者	聯經出版事業股份有限公司
地址	新北市汐止區大同路一段369號1樓
編輯部地址	新北市汐止區大同路一段369號1樓
叢書編輯電話	(02)86925588轉5306
台北聯經書房	台北市新生南路三段94號
電話	(02)23620308
台中分公司	台中市北區崇德路一段198號
暨門市電話	(04)22312023
台中電子信箱	e-mail：linking2@ms42.hinet.net
郵政劃撥	帳戶第0100559-3號
郵撥電話	(02)23620308
印刷者	文聯彩色製版印刷有限公司
總經銷	聯合發行股份有限公司
發行所	新北市新店區寶橋路235巷6弄6號2樓
電話	(02)29178022

總編輯	胡金倫
總經理	陳芝宇
社長	羅國俊
發行人	林載爵

行政院新聞局出版事業登記證局版臺業字第0130號

本書如有缺頁，破損，倒裝請寄回台北聯經書房更換。　ISBN 978-957-08-5398-8 (平裝)
聯經網址：www.linkingbooks.com.tw
電子信箱：linking@udngroup.com

國家圖書館出版品預行編目資料

懲罰的三大思辨：懲罰是什麼？為何要懲罰？懲罰的是誰？
/ Didier Fassin著．林惠敏譯．初版．新北市．聯經．2019年11月．240面．
12.8×18.8公分（聯經文庫）
ISBN 978-957-08-5398-8（平裝）
譯自：Punir

1.刑罰學

548.7 108016068